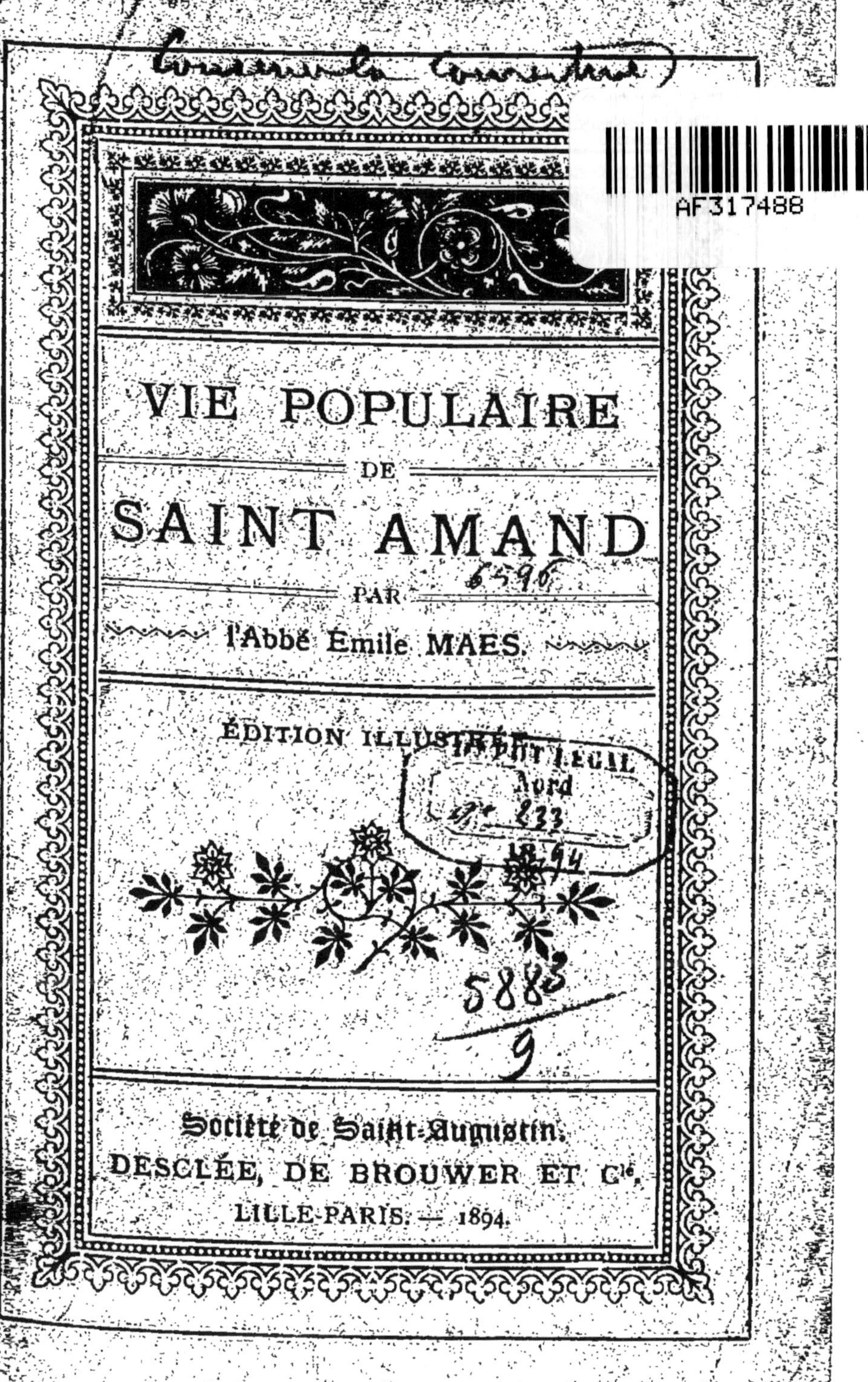

VIE POPULAIRE
DE
SAINT AMAND
PAR
l'Abbé Émile MAES.

ÉDITION ILLUSTRÉE

Société de Saint-Augustin,
DESCLÉE, DE BROUWER ET Cie.
LILLE-PARIS. — 1894.

Vie populaire de saint Amand.

✠ Sancte Amande, ora pro nobis.

VIE POPULAIRE

DE

SAINT AMAND

PAR

l'Abbé Émile MAES.

ÉDITION ILLUSTRÉE.

Société de Saint-Augustin.
DESCLÉE, DE BROUWER ET Cie.
LILLE-PARIS. — 1894.

**ARCHEVÊCHÉ
DE
CAMBRAI.**

Cambrai, le 9 avril 1894.

MONSIEUR L'ABBÉ,

JE vous suis reconnaissant de la gracieuse attention que vous avez eue de m'envoyer un exemplaire de votre Vie populaire de saint Amand. Votre travail est bien compris, bien exécuté, bien en rapport avec sa destination : il fera son chemin et méritera qu'on lui applique la parole de l'Évangile : « *Transiit benefaciendo.* » J'en forme le souhait et j'en ai la certitude.

Que Notre-Seigneur bénisse l'œuvre et son pieux auteur.

† Marie-Alphonse SONNOIS,
Archevêque de Cambrai.

✠✠✠✠✠✠✠✠✠✠✠✠✠✠✠✠✠✠✠✠✠✠✠✠

LETTRE DE M. L'ABBÉ J.-B. CARLIER,

Vicaire-Général, ancien Doyen de Saint-Amand.

ARCHEVÊCHÉ   *Cambrai, le 13 avril 1894.*
DE
CAMBRAI.

——·❖·——

Bien cher Monsieur le Directeur,

J'ai été si désireux de faire complète connaissance avec votre Vie populaire de saint Amand, *que je viens de la parcourir sans interruption, et c'est sous l'impression du bonheur et de l'édification que je m'empresse de vous remercier de* votre œuvre.

Vous l'avez faite avec votre foi *vive qui la rend, avant tout, une œuvre d'apostolat. Vous l'avez faite avec votre noble* cœur *qui a si bien réussi à lui communiquer la chaleur et l'intérêt. Vous l'avez faite avec votre* intelligence *de l'époque du grand Fondateur, des âges qui ont suivi et du caractère des temps actuels. Vous l'avez faite avec votre* délicatesse de goût *qui l'a enrichie de dessins si parfaitement choisis. Vous l'avez faite avec une* plume *qui connaît le style sobre et intéressant de l'histoire, et a le secret de rendre un livre populaire.*

Vous avez montré notre grand patriarche monastique *entouré de l'auréole des vertus qu'il a* pratiquées, des miracles qu'il a accomplis. Vous l'avez montré au milieu des saints qui venaient réclamer ses conseils ou rehausser de leur présence les cérémonies qu'il organisait. Vous l'avez montré suivi des fils qui, pendant douze siècles, ont rendu si célèbre le lieu de son repos, que je me surprenais à redire en vous lisant : Ah ! vraiment, que de grandes choses a vues dans le passé la cité de Saint-Amand ! Gloriosa dicta sunt de te, civitas sancti Amandi.

Il était digne de votre talent, de votre zèle, de votre piété, de rappeler ce glorieux passé. C'est le couronnement de ce que vous avez fait en consacrant à la paroisse quinze années de votre ministère, et en érigeant un patronage sous le vocable du grand saint. Votre ancien Doyen vous comprend, vous admire, vous félicite et vous remercie, car il a conservé au cœur l'amour de sa paroisse et la dévotion à saint Amand ! Aussi votre livre, qui ravive ces sentiments en même temps qu'il me rappelle votre filial dévouement, prend aujourd'hui une place de choix dans ma bibliothèque ; mais il a en même temps sa place marquée dans toutes les maisons de Saint-Amand et dans tous les catalogues catholiques de distributions de prix.

Puisse sa lecture contribuer à faire mieux connaître, plus aimer et prier davantage le grand saint qui a une mission si grande de protection !

PRÉFACE.

A SAINT-AMAND, on ne connaît pas assez saint Amand. *Les habitants, sans doute, sont justement fiers de se dire ses enfants. Ils se plaisent à voir son nom inscrit sur la devise des armes de leur ville ; mais, avouons-le, ils sont bien peu nombreux ceux qui pourraient répondre à ces simples questions : Qu'était saint Amand ? Quand vivait-il ? Quelle fut sa vie, son œuvre, sa mort ? etc.*

A Saint-Amand, on n'aime pas assez saint Amand. *Pourrait-il en être autrement puisqu'on le connaît si peu ? On n'aime pas un nom : un nom ne devient aimable que s'il rappelle les vertus et les bienfaits de celui qui le porte ; c'est peut-être pour cette raison que, — chose étrange, — le nom d'Amand (Amandus,* aimé de Dieu) n'est donné à aucun enfant du pays.

Enfin, à Saint-Amand, on ne prie pas assez saint Amand. *Son culte, autrefois si populaire, n'est guère en honneur.* Sa fête y est encore célébrée, mais sans susciter cet enthousiasme religieux que provoque, dans bien des contrées, la fête du patron. On a rarement recours à lui dans la prière. On ne l'invoque pas dans les familles.

N'a-t-il plus droit cependant à notre reconnaissance, et ne sommes-nous plus les fils de saint Amand? Il nous connaît, lui, puisqu'il nous a donné son nom. Il nous aime, puisqu'il est notre père. Il prie Dieu pour nous au Ciel, puisqu'il est notre protecteur spécial. Si nous ne songeons pas à lui, il songe à nous, et sans cesse il étend sur sa ville ses mains bénissantes.

Cet oubli général dans lequel est tombée la mémoire de notre illustre patron nous a toujours frappé, et nous l'avons regretté pour sa gloire et pour notre intérêt. Nous avons donc eu la pensée de travailler, pour notre part, à la restauration du culte de saint Amand, en offrant au public, et spécialement aux Amandinois, ces pages dans lesquelles nous avons cherché à faire mieux connaître, aimer et invoquer saint Amand par tous ses enfants.

Notre désir étant d'être lu de tous, nous avons voulu être compris de tous. A dessein, nous avons évité toute recherche de style. Notre seule ambition a été d'être simple, court et clair.

Nous nous sommes inspiré pour ce petit travail des ouvrages de MM. Destombes, de Courmaceul, Desilve et Devvez, et nous avons simplement prétendu y présenter un résumé de leurs savantes recherches.

Nous aurions souhaité donner plus de détails sur la vie de notre saint, mais nous n'en possédons guère. Nous nous sommes borné aux faits certains, importants, et, nous l'espérons du moins, intéressants.

Tel a été notre but. Daigne saint Amand avoir notre intention pour agréable, la bénir et lui faire porter des fruits.

E. M.

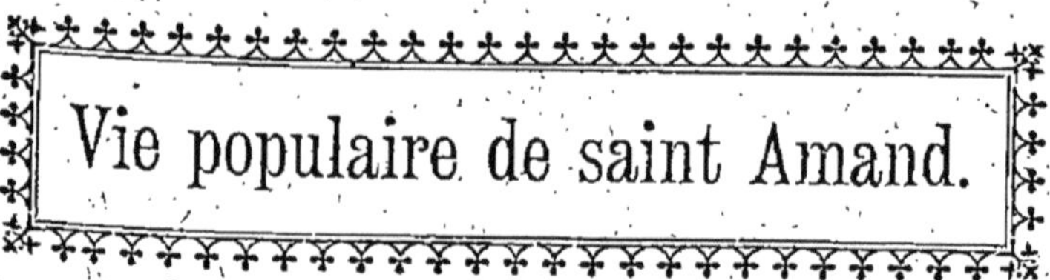

Vie populaire de saint Amand.

CHAPITRE PREMIER.

Saint Amand. — Sa naissance. — Ses premières années. — Sa vocation à la vie religieuse.

SAINT Amand était un de ces évêques missionnaires qui, dans les premiers siècles du christianisme, prêchèrent l'Évangile dans toutes les parties du monde. Il vivait il y a douze cents ans au VIIe siècle. Né en Gaule, au village d'Herbauges, non loin de Nantes, c'est un saint français. On peut dire, malgré le lieu de sa naissance, que c'est un saint flamand. S'il parcourut, en effet, toute la France pour y faire pénétrer, avec la grâce de la vraie religion, les bienfaits de la civilisation, c'est dans notre Flandre qu'il multiplia ses prédications, qu'il vint définitivement se fixer et mourir. C'est lui qui, dans ces populations païennes et à demi barbares, jeta le germe fécond de ce robuste christianisme qui a poussé de si fortes racines. C'est lui qui défricha ce sol couvert de marécages et de bois, et en fit les gras pâturages que rappelle la devise de notre cité. Notre ville elle-même n'est autre que sa ville, puisqu'il la fonda en établissant une abbaye (1).

Autour de lui, en effet, se groupèrent des moines, et, autour de l'abbaye, des populations attiréees par les bienfaits des moines. Peu à peu, une ville se forma, qui tint de saint Amand son nom, comme elle tenait de lui l'existence.

Ce sont aussi des moines qui nous ont transmis, sur la vie de ce grand saint, les détails que nous allons réunir dans les pages qui vont suivre, et que nous voudrions plus nombreux (2).

C'est le 7 du mois de mai 594 que naquit Amand. Il appartenait à une grande famille de la Gaule. Son père était gouverneur du pays, et s'appelait Sérénus. Sa mère avait nom Amantia : tous deux étaient chrétiens et vertueux. Saint Amand eut donc le bonheur d'être baptisé, et de recevoir une éducation chrétienne.

Il n'avait pas les goûts du monde, et, dès son enfance, il pensait à se consacrer à DIEU. Il était très pieux et aimait particulièrement la lecture des Saintes Écritures et de l'Évangile. Ses dévotions les plus chères étaient celles de la Sainte Vierge, de saint Pierre et de saint Martin.

---

1. On appelle abbaye une réunion de moines. — Par extension on a aussi donné le nom d'abbaye aux bâtiments habités par les religieux.

2. Baudemond, contemporain de St Amand. Milon, IXe siècle. Gislbert, XIIe siècle.

Son père, qui n'avait que ce fils et rêvait pro-
bablement pour lui un brillant avenir, lui fit
donner une instruction soignée. Il n'y avait pas,
dans ce temps, d'écoles publiques, comme celles
que Charlemagne devait établir un siècle plus
tard. Toutefois, dans certaines contrées, les
évêques avaient ouvert, près de leurs cathédrales,
des écoles. Des prêtres ou des religieux y enseignaient les vérités de la foi, les lettres et les
sciences.

C'est sans doute une de ces écoles que fré-
quenta le jeune Amand. On comprend aisément
que l'éducation chrétienne qu'il avait reçue s'y
fortifia encore avec le secours d'une solide instruction. Et s'il y fit des progrès dans la science,
il en fit surtout dans la vertu.

Cependant le désir qu'il avait de se consacrer
à Dieu grandissait de jour en jour. Longtemps
il pria, il consulta ses directeurs pour connaître
la volonté de Dieu. Enfin, se sentant appelé
d'en haut à cette sublime vocation, il dit adieu
aux honneurs et aux richesses du monde, et, à
l'âge de quinze ans, quitta en secret sa famille.
Non loin de son pays natal, à peu de distance du
rivage, se trouve une petite île, qu'on appelle
l'île d'Yeu, et où se trouvait un monastère. C'est
de ce côté que le jeune homme se dirige. Il va
demander asile aux religieux pour se préparer

au service de DIEU par l'étude, la prière et la pratique des vertus chrétiennes. Il y est reçu avec bonheur et commence alors ce que l'on pourrait appeler son noviciat.

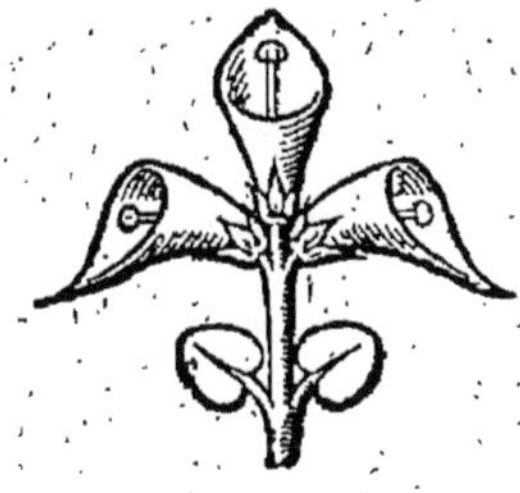

✚✚✚✚✚✚✚✚✚✚✚✚✚✚✚✚✚✚✚✚✚✚✚✚✚✚✚✚✚✚

CHAPITRE DEUXIÈME.

Saint Amand, vainqueur du serpent.

C'EST alors que saint Amand chassa, de la contrée qu'il habitait, un serpent monstrueux dont la présence causait les plus grands ravages dans le pays. Voici dans quelles circonstances (1) :

Un jour, le supérieur du couvent, voulant éprouver l'obéissance de son nouveau disciple, le chargea d'une mission qui l'obligeait à sortir du monastère. Amand part aussitôt.

Tout à coup, dans un endroit solitaire de l'île, non loin du rivage, il aperçoit, à peu de distance, un énorme serpent. Effrayé tout d'abord à cette vue, Amand s'arrête, se demandant ce qu'il va devenir et ne sachant que faire. Fuir est chose impossible, car d'un bond le monstre peut s'élancer, l'étouffer dans ses replis tortueux et le broyer sous ses horribles mâchoires. Le saint jeune homme voit devant lui la mort, et une mort affreuse !

Cependant, revenu de son premier effroi, il ne perd pas courage. Il sait que DIEU peut le sauver du péril ; il se jette à genoux, pousse un cri de

---

1. Cet événement prodigieux est raconté par Baudemond, moine et disciple de saint Amand ; — par Philippe, abbé de N.-D. de Bonne-Espérance, en Hainaut (IXᵉ siècle), qui ont écrit la vie de saint Amand ; — par Milon, Jean Cousin dans son histoire de Tournay, etc.

supplication vers le Ciel et se relève aussitôt plein de force. Puis, soutenu par sa foi en la toute-puissance divine, il va lui-même au devant du monstre, fait un grand signe de croix et s'écrie : « Au nom du Dieu tout-puissant, je t'ordonne de disparaître de cette île ! »

Le serpent, qui s'apprêtait à s'élancer sur sa proie, s'arrête aussitôt, et, forcé d'obéir à la voix de Dieu qui parle par la bouche de son serviteur, il recule en écumant de rage, et se précipite dans les flots de la mer pour ne plus jamais reparaître.

Ce monstre, peut-être, était un de ces affreux reptiles qu'on rencontre encore, rarement il est vrai, dans certains pays inexplorés. On comprend donc la reconnaissance que les habitants de la contrée, qui souffraient de ses ravages, durent avoir pour saint Amand. Peut-être aussi le démon avait-il voulu se montrer au jeune homme sous cette forme hideuse pour l'effrayer, et le détourner de son dessein de se consacrer à Dieu.

Quoi qu'il en soit, on voit combien notre saint fut récompensé de la confiance qu'il avait mise dans le secours du Ciel.

Ce trait donne, d'autre part, une haute idée de sa sainteté, en même temps qu'il nous montre la puissante vertu du signe de la croix. C'est en souvenir de ce prodige que saint Amand est

représenté foulant aux pieds le dragon ou le serpent (1).

1. Le serpent est un des attributs caractéristiques de saint Amand, comme on le voit sur le sceau de l'abbaye. A l'église paroissiale de la ville, le saint est représenté sur un vitrail foulant aux pieds le serpent. Une ancienne statue, conservée dans la sacristie, nous le montre aussi dans cette attitude. C'est encore ce souvenir que rappelle le serpent sculpté en plusieurs endroits sur les pierres de la tour de l'abbaye.

Sur les bas-reliefs de l'église Saint-Pierre à Douai, provenant de l'abbaye, on voit saint Amand, du haut du Ciel, bénissant ses moines qui tombent sous le fer des Normands, et on le reconnaît au serpent qu'il terrasse. Il existe au musée de Lille une peinture sur bois représentant saint Amand en compagnie d'un abbé du monastère ; le saint écrase le dragon du bout de sa crosse ; au bas du tableau, les armes de l'abbaye.

Le souvenir du serpent était encore légendaire au XVIIIe siècle dans la ville de Saint-Amand. Voici la relation curieuse de dom Floride Gosse, écrivain du temps (*Essai sur la ville de Saint-Amand*):

« Tout le monde, dit-il, connait la beauté de l'église de l'ab-
» baye, mais peu de personnes visitent les voûtes qui soutiennent
» le chœur et que l'on appelle l'église basse. Tout l'édifice étant
» bâti sur pilotis, cette église basse est nécessairement très mal-
» saine ; l'eau jaillit même quelquefois à travers les joints des
» pierres bleues qui en forment le pavé. Les habitants du lieu
» disent que ce phénomène arrive lorsque l'anguille de saint
» Amand remue la queue. Cette merveilleuse anguille, ajoutent-
» ils, vivait du temps du saint fondateur, et ne quitte jamais les
» souterrains ou canaux, tant mondes qu'immondes du monastère.
» Elle est d'un certain âge, comme l'on voit ; aussi la prendriez-
» vous, à la barbe qui entoure son menton, pour un Provincial
» des Capucins de Flandre. Elle a aussi sur le dos de grands vilains
» poils hérissés comme les soies d'un sanglier en furie. On lui
» donne 18 pieds, 6 pouces, 11 lignes de long entre tête et queue,
» et l'on prétend qu'elle doit vivre aussi longtemps que l'abbaye
» subsistera. »

CHAPITRE TROISIÈME.

Démarche de Sérénus auprès de son fils pour l'engager à rentrer à la maison paternelle. Amand se retire au monastère de Tours.

CEPENDANT, quelque temps après le départ d'Amand, son père, étonné de ne plus le voir, le fit chercher partout et finit par découvrir la solitude qui lui servait d'asile. Rêvant toujours pour son fils les honneurs du monde, Sérénus alla le trouver, et, après lui avoir reproché sa conduite, voulut le déterminer à revenir dans sa famille. Amand fit comprendre à son père que s'il avait pris la fuite et quitté la maison paternelle, c'était pour répondre à l'appel de DIEU et éviter d'affronter la résistance de ses parents. Sérénus ne voulut rien entendre : supplications, promesses, menaces, il employa toutes les séductions pour décider son fils à changer de résolution.

Quelle lutte pénible pour le cœur d'Amand, qui sans doute aimait de tout son cœur ses parents, mais qui voulait avant tout obéir à DIEU ! La grâce pourtant finit par triompher de la nature, et il eut le courage de repousser les propositions de son père.

Emporté par la colère, celui-ci lui déclara alors

qu'il ne le reconnaissait plus pour son fils et qu'il le déshéritait complètement. « Mon père, répondit alors le saint jeune homme avec douceur et fermeté, JÉSUS-CHRIST est mon partage ; je ne désire point d'autre bien sur terre. Pour toute grâce, je vous demande la liberté de servir mon DIEU ! »

Exemple héroïque qui nous montre que si, en règle générale, il faut respecter la volonté de ses parents et leur obéir, il faut pourtant, à l'exemple de l'Enfant JÉSUS lui-même, savoir faire avant tout la volonté du Bon DIEU quand il nous appelle à son service !

Les parents qui entravent la vocation de leurs enfants, en effet, s'opposent aux ordres de DIEU, et n'ont plus droit dès lors à l'obéissance de leurs enfants.

Amand, craignant de nouvelles tentatives de sa famille, qui auraient ébranlé sa ferme résolution d'écouter la voix de JÉSUS-CHRIST, obtint de ses supérieurs la permission de quitter le monastère d'Yeu. Cette maison lui était bien chère, mais trop rapprochée de celle de son père ; il dit donc adieu à tous les religieux et alla chercher asile au monastère de Tours.

Cette ville, qui avait eu cent ans auparavant pour évêque le grand saint Martin et qui avait vu mourir cet illustre apôtre de la France, attirait tout particulièrement notre jeune saint, car, nous l'avons vu plus haut, il avait une dévotion particulière au saint évêque de Tours.

Le premier soin d'Amand en arrivant dans cette ville fut, naturellement, d'aller s'agenouiller au pied de son tombeau, et voici la prière qu'il lui adressa ; elle nous a été conservée par le célèbre moine Milon (1) :

« O Pontife sacré ! illustre Martin, vous qui
» maintenant régnez dans les Cieux, obtenez de
» ce DIEU qui est devenu votre récompense éter-
» nelle, et aux volontés de qui vous vous êtes
» toujours si étroitement attaché, obtenez que
» jamais je ne retourne dans le pays qui m'a vu
» naître, auprès de mes parents que j'ai quittés.
» Qu'il dirige lui-même mes pas dans la voie du
» salut, afin qu'exilé volontaire et pèlerin sur cette
» terre, j'achève ainsi ma course jusqu'au jour où

---

1. Milo, *Vita sancti Amandi*, Bol. — Milon est mort en 872. Il composa la vie de saint Amand en vers latins, d'après le récit laissé par Baudemond, disciple de saint Amand lui-même. Ce savant Bénédictin a été l'une des gloires de l'abbaye d'Elnon. La renommée de l'*Ecolâtre* Milon attirait à Elnon l'élite de la noblesse de la cour carlovingienne. Charles le Chauve, ami des lettres comme son aïeul Charlemagne, avait confié à Milon l'éducation de trois des princes ses enfants : Dreux et Pépin, frères jumeaux, et Carloman. Les deux premiers moururent jeunes et furent inhumés dans le couvent ; le troisième fut plus tard abbé du monastère.

» mon âme, abandonnant mon corps mortel, ira
» comparaître devant Jesus-Christ ! »

On verra plus tard comment ses vœux furent
réalisés; car saint Amand a vraiment été un
évêque missionnaire, passant sa vie à prêcher
l'Évangile, tantôt dans un pays, tantôt dans un
autre, comme le faisaient les disciples du Sauveur, et comme nos missionnaires le font encore
aujourd'hui chez les peuples infidèles.

Après s'être mis ainsi sous la protection de
saint Martin, Amand alla frapper à la porte du
monastère de Tours et demanda à être admis au
nombre des religieux du couvent. Les moines le
reçurent comme un frère bien-aimé et il fit, tout
aussitôt, partie de la communauté.

CHAPITRE QUATRIÈME.

Saint Amand reclus dans la ville de Bourges.

AMAND ne resta cependant pas longtemps à Tours. DIEU voulut le soumettre à une dernière épreuve ; afin de répondre à son appel, il quitta la ville de saint Martin et se rendit à Bourges, pour s'y mettre sous la direction du saint évêque Austrégésile, qui gouvernait l'Église de cette ville.

Le cœur ému, les yeux pleins de larmes, il dit adieu à tous les religieux, qui l'aimaient comme un frère et le vénéraient déjà comme un saint.

Arrivé à Bourges, il va se jeter aux pieds de l'évêque, implore sa bénédiction, lui déclare qu'il est prêt à se soumettre entièrement à ses avis, et qu'il lui confie le soin de sa vocation.

Saint Austrégésile, à qui DIEU sans doute avait révélé les desseins qu'il avait sur ce jeune homme, appelé à devenir plus tard un grand apôtre et un grand saint, l'accueillit avec bonté. Il le bénit et lui fit connaître qu'avant de recevoir le sacerdoce et de prêcher l'Évangile, il lui fallait subir une rude épreuve qui devait durer de longues années.

Pour se préparer à son saint ministère, il devra désormais vivre seul, retiré du monde, dans la retraite la plus profonde, uniquement occupé aux exercices de la prière, de l'étude et de la pénitence. En un mot, Austrégésile le soumit à la plus entière et à la plus sévère réclusion.

Saint Amand vécut durant *quinze années* en reclus, ou, s'il est permis de parler ainsi, en prisonnier pour le Bon DIEU.

Retiré dans une cellule étroite, qui ne communiquait qu'avec l'église, il pouvait seulement assister aux offices, entendre la parole de DIEU, et recevoir les sacrements. Plus tard, il eut la faveur d'y célébrer le Saint Sacrifice de la messe.

Cette épreuve, à laquelle plusieurs saints se soumirent, est sans doute bien extraordinaire. Elle nous montre à quel degré de vertu DIEU appelait ce jeune religieux, qui allait dans la suite mener la vie de missionnaire pendant cinquante ans.

Ce fut durant ces années de retraite qu'Amand reçut les saints Ordres et devint prêtre. Avec quelle ferveur il reçut le sacerdoce, objet de ses désirs depuis si longtemps! Avec quelle piété angélique il monta à l'autel pour y offrir pour la première fois l'auguste Sacrifice!

Enfin le temps de sa réclusion touchait à sa fin. Bientôt les portes de sa cellule s'ouvrirent, et dès lors commença pour lui une tout autre vie. Saint Amand allait devenir missionnaire. Il brûlait du désir de parcourir le monde pour prêcher partout l'Évangile , annoncer JÉSUS-CHRIST à tant de peuples qui ne le connaissaient pas encore, et consacrer tout ce qu'il avait de santé, de talents et de forces au salut des âmes.

CHAPITRE CINQUIÈME.

**Premier voyage de saint Amand à Rome.
Saint Pierre lui apparaît.**

DANS les premiers siècles de l'Église, c'était une coutume assez ordinaire aux missionnaires d'aller faire un pèlerinage à Rome, au début de leur carrière évangélique.

Les premiers apôtres, avant de prêcher l'Évangile, avaient reçu leur mission de JÉSUS-CHRIST. Il leur avait dit : « *Comme mon Père m'a envoyé, moi aussi je vous envoie,* » et leurs successeurs, avant de partir, aimaient, toutes les fois qu'ils le pouvaient, à être envoyés, eux ausssi, par le Pape, représentant de JÉSUS-CHRIST. Ils allaient avec bonheur se prosterner à ses pieds, lui demander sa bénédiction et écouter ses avis paternels.

Amand voulut faire ce pieux pèlerinage avant de se mettre à l'œuvre. Il se dirigea donc vers l'Italie : c'était en l'année 627. Il allait, traversant des pays inexplorés, passant les rivières, franchissant les montagnes, faisant la route, à pied la plupart du temps, endurant de grandes fatigues et des privations de toutes sortes. Il arriva enfin à Rome, après une route longue et pénible.

Qui pourrait dire les sentiments de piété dont fut animé son cœur de prêtre, lorsqu'il vit, pour la première fois, cette ville, jadis le centre du monde païen, maintenant devenue la capitale du monde chrétien, le siège du Vicaire de JÉSUS-CHRIST ?

A peine en eut-il franchi l'enceinte, qu'il alla se prosterner aux pieds du Saint-Sacrement, puis il fit demander audience au Souveraint-Pontife.

Celui qui régnait alors sur toute la chrétienté était le pape Honorius, digne successeur de Grégoire le Grand. En voyant arriver ce prêtre si plein de talents et de vertus, le Souverain-Pontife l'accueillit avec bonté, l'encouragea dans sa vocation, et, après s'être entretenu longuement avec lui, il lui donna sa bénédiction apostolique en lui disant, avec un accent prophétique :

« Allez, mon fils, marchez à grands pas dans
» la voie que vous suivez : elle vous conduira au
» Ciel. »

Rome, on le sait, est la ville du monde qui rappelle au chrétien les plus grands et les plus touchants souvenirs. Elle est le berceau de notre sainte religion. N'est-ce pas là, en effet, que l'Église prit véritablement naissance pour se répandre sur toutes les parties du monde ? C'est là que saint Pierre fixa la résidence des Papes et qu'il fut martyrisé ; c'est là que des millions de martyrs sont morts pour JÉSUS-CHRIST.

Amand ne voulut pas quitter cette ville sans en visiter tous les pieux sanctuaires et sans véné-

rer les précieuses reliques qui y sont conservées.
Il descendit aux Catacombes, immenses souterrains où les premiers chrétiens se réfugiaient pour prier en commun, et dans lesquels sont conservés les ossements d'une multitude de martyrs.

Il visita le Colysée, cirque immense dans lequel on livrait les chrétiens aux bêtes pour l'amusement d'une foule cruelle et altérée de sang.

Sa piété l'attirait principalement vers une église qu'il affectionnait par-dessus toutes les autres, vers l'église où se trouve le tombeau du Prince des Apôtres.

Saint Amand, nous l'avons vu, avait une dévotion toute particulière à saint Pierre. DIEU voulut l'en récompenser par une faveur insigne, qui mit comme le sceau divin à sa glorieuse mission.

Un soir, il priait près du tombeau. Les heures s'écoulaient, la nuit était venue, que le saint ne s'en apercevait pas, tant sa ferveur était grande et recueillie sa prière.

Le gardien du temple le vit, et, le prenant sans doute pour un malfaiteur, il lui enjoignit rudement de se retirer et ferma les portes de l'église.

Notre saint, qui avait obéi bien à regret, ne savait pas s'éloigner du vénéré sanctuaire. Il se mit donc à genoux une dernière fois sur le seuil du temple pour achever son oraison.

Tout à coup, une lumière éclatante resplendit au sein des ténèbres, et, à ses regards ravis, apparaît l'apôtre saint Pierre, tout brillant d'une gloire céleste. Et tandis qu'Amand le regarde avec amour, le Chef des Apôtres lui montre, comme dans une vision, toutes les grandes œuvres qu'il devra accomplir, et, au nom du Dieu tout-puissant, il lui annonce qu'il ira prêcher la foi dans les Gaules, et qu'il y convertira un grand nombre d'âmes à Jésus-Christ.

« *La moisson est grande*, lui dit-il ; *elle croît de jour en jour ; travaille donc comme un bon et vigilant moissonneur, et, pour prix de tes travaux, une grande récompense te sera réservée dans le Ciel* (1). »

Amand sortit de cette extase le cœur inondé des plus suaves consolations et enflammé du désir de se consacrer plus que jamais à la gloire de Dieu et au salut des âmes. Dès maintenant, le Ciel ayant parlé, sa mission est déclarée ; il n'a plus qu'à marcher dans la voie qui lui est tracée.

---

1. L'apparition de saint Pierre à saint Amand est représentée sur une des fresques de l'église paroissiale.

CHAPITRE SIXIÈME.

Saint Amand, à son retour de Rome, est sacré évêque.

SON pèlerinage à Rome terminé, Amand revint à Bourges, d'où il était parti. On l'y attendait avec impatience ; aussi son retour fut-il universellement fêté.

Tous écoutaient, avec le plus vif intérêt, le récit de son voyage, et s'édifiaient à la pensée des grâces que DIEU avait accordées à son fidèle serviteur.

Il est à supposer que, pendant son absence, l'évêque de Bourges, Austrégésile, dont nous avons parlé précédemment, avait agi de telle sorte que son cher fils Amand fût élevé à l'épiscopat. Quoi qu'il en soit, après son retour, les religieux, le clergé, les seigneurs, le peuple lui-même, demandèrent qu'un prêtre si saint fût sacré évêque. Tous proclamèrent qu'il méritait d'être revêtu de cette haute dignité. Amand seul se croyait indigne d'un tel honneur. Il résista tout d'abord aux propositions qu'on lui fit, mais enfin, sur l'ordre de ses supérieurs, il se soumit à cet appel de DIEU.

Ce fut donc à ce moment qu'il fut élevé à l'épiscopat, en 628, à peine âgé de quarante ans. Il reçut, croit-on, l'onction épiscopale des mains de saint Achaire, évêque de Tournay et de Noyon, et ce serait en cette dernière ville qu'aurait eu lieu cette cérémonie (1).

On conçoit avec quelle piété il se prépara à cette grande grâce, et les dons tout particuliers qu'il reçut de l'Esprit-Saint ne firent qu'enflammer son zèle déjà si ardent pour la conquête des âmes.

Dans les premiers temps du christianisme, les évêques, comme autrefois les premiers disciples, s'en allaient dans différentes contrées prêcher l'Évangile et travailler à la conversion des peuples encore païens. Sans doute, plusieurs d'entre eux gouvernaient un diocèse confié à leurs soins, comme par exemple saint Géry à Cambrai, saint Éleuthère à Tournay, saint Ouen à Rouen, etc...; mais il y avait aussi d'autres évêques qui étaient plutôt considérés comme missionnaires, n'étant attachés à aucune Église particulière.

Ils parcouraient les diocèses, s'enfonçaient dans les contrées les plus sauvages, prêchant partout la parole de DIEU, affrontant courageusement les fatigues, les privations de toutes sortes, les supplices et la mort même.

Notre bienheureux Amand fut du nombre de ces vaillants apôtres; aucun diocèse ne lui fut

1. Cette scène est représentée sur une des fresques de l'église paroissiale.

assigné. Il allait donc pouvoir se dépenser librement au service de DIEU et évangéliser un grand nombre de peuples.

Il n'en est pas moins vrai de dire que saint Amand reste toujours et avant tout notre patron, et que nous avons le droit de le revendiquer comme notre Père. N'est-ce pas en effet à convertir notre pays qu'il a consacré ses premiers soins ? n'est-ce pas ici, à Elnon (1), qu'il a fondé son plus beau monastère ? n'est-ce pas ici qu'il revenait souvent se reposer de ses fatigues au milieu de ses chers religieux ? n'est-ce pas ici qu'il établit définitivement sa résidence ? n'est-ce pas ici enfin qu'il a passé la dernière année de sa vie et rendu le dernier soupir ?

Suivons-le maintenant dans ses courses apostoliques, et nous pourrons nous faire une idée des immenses travaux qu'il a accomplis.

---

1. La ville de Saint-Amand portait autrefois ce nom, à cause du cours d'eau qui traverse le pays où elle est située.

CHAPITRE SEPTIÈME.

État de la Gaule à l'époque où vivait saint Amand (VIIᵉ siècle).

POUR bien se rendre compte des travaux apostoliques de saint Amand, il n'est pas inutile de rappeler brièvement quel était l'état de la France à l'époque où il vivait.

La France, qui s'est longtemps appelée la Gaule, était devenue une possession romaine après la conquête de César, 50 ans avant JÉSUS-CHRIST.

Elle subit cette domination pendant plus de 400 ans. Bien entendu, le christianisme pénétra de bonne heure dans la Gaule, qui était païenne. C'est ainsi que, sous le règne de Dioclétien (289-305), d'illustres évêques y avaient déjà porté les lumières de l'Évangile, entres autres, après saint Denis, saint Piat, saint Eubert, saint Quentin, saint Hilaire, et, à leur suite, le grand apôtre de la France, saint Martin. Ce qui fait que le pays était en grande partie chrétien.

Seulement, au Vᵉ siècle, il se passa un fait qui a été l'un des grands événements de l'histoire : *l'invasion des Barbares.*

Sur les frontières de la Gaule, dans les régions où sont situées maintenant l'Allemagne, l'Autriche, la Russie, vivaient, presque à l'état sauvage, d'innombrables hordes d'idolâtres. On les appelait les Alains, les Vandales, les Huns, les Visigoths, les Sicambres, les Germains, etc.

Attirés par l'appât de l'Empire romain, qu'ils convoitaient, ils résolurent de se précipiter sur cette riche proie pour en faire la conquête. Ils la cernèrent donc de toutes parts et se jetèrent sur l'Italie et la Gaule comme un flot dévastateur. Le pillage, le meurtre, l'incendie, la ruine, signalèrent partout le passage de ces bandes féroces, qui parvinrent enfin à s'établir dans toute la province de l'Empire romain.

Parmi ces peuples, se trouvait une tribu appelée les *Francs*, la plus petite comme nombre, mais la première par la vaillance. C'est elle qui s'établit dans le Nord de la France et qui prit bientôt Lutèce (Paris) pour capitale. Voilà comment les Français, comme le mot l'indique, sont les fils des Francs.

Telle fut l'invasion des Barbares.

Naturellement, leur établissement dans la Gaule retarda les progrès de la religion catholique dans ce pays, et le replongea, en grande partie, dans le paganisme, car ces peuples étaient païens et idolâtres.

Il fallait recommencer les travaux d'apostolat, convertir et civiliser les nouveaux conquérants : c'est ce que fit l'Église.

Ce fut surtout à partir de la conversion de

Clovis, roi des Francs, par saint Remi, que notre pays commença à devenir chrétien. Or, c'est peu de temps après que paraît saint Amand, apôtre de la Gaule.

CHAPITRE HUITIÈME.

Saint Amand évêque-missionnaire. Aperçu sommaire de ses travaux apostoliques; ses œuvres de charité, et spécialement son zèle pour le rachat des esclaves.

CE n'était pas sans affronter les plus grandes difficultés et sans s'exposer aux plus grands dangers que les missionnaires parvenaient à aborder les peuples à demi sauvages qu'ils voulaient évangéliser, et beaucoup d'entre eux, victimes de leur dévouement, sont tombés sous les coups de ces barbares.

Saint Amand ne recula pas devant ces obstacles et entreprit la longue série de ses missions. Le champ qui s'ouvrait à son zèle était immense, et nous le verrons successivement parcourir la Belgique actuelle, une partie de l'Allemagne, presque toute la France, et pénétrer jusque chez les peuplades féroces campées sur les bords du Danube. Suivi de quelques disciples, sans autre secours que celui d'en haut, il s'avançait, la Croix à la main, au-devant de ces idolâtres qui, d'ordinaire, se jetaient sur lui comme des bêtes féroces en poussant des cris de mort. Lui, cependant, soutenu par sa confiance en DIEU, s'agenouillait, levant au Ciel les yeux et les mains, priant le Seigneur d'éclairer ces aveugles spirituels.

La majesté de son visage, la douceur de ses discours, sa patience inaltérable, l'ascendant de sa vertu, les subjuguaient bientôt, et on consentait peu à peu à écouter un homme si extraordinaire.

Le saint déployait alors toutes les ressources de son intelligence et de son cœur pour démontrer à ces pauvres égarés la vanité des idoles, leur faire connaître le vrai DIEU et les instruire de notre sainte religion.

Pour achever l'œuvre de la grâce, DIEU mettait souvent sa toute-puissance au service de l'apôtre; un miracle venait tout à coup remplir les païens d'une religieuse terreur, et le missionnaire leur apparaissait comme l'envoyé du Ciel. Revêtu de la force d'en haut, il commandait alors avec autorité à ces peuples farouches, les obligeait à abandonner leurs superstitions, et les déterminait à briser leurs idoles et à renverser leurs bois sacrés. Il s'efforçait surtout d'abolir ces horribles sacrifices humains, coutume féroce qui se pratiquait encore trop souvent dans le fond des forêts de la Germanie.

Il fallait une église pour se réunir, prêcher à la multitude, et surtout faire descendre au milieu de ces peuples la divine Victime; l'église était improvisée avec des branchages, un autel était dressé, et le pontife avait le bonheur d'y célébrer le saint Mystère.

C'est surtout à partir de ce moment qu'on voyait le pays changer d'aspect. Une véritable moisson d'âmes apparaissait soudain, les conversions se multipliaient et venaient consoler le cœur de l'apôtre.

Alors comme aujourd'hui, le missionnaire était l'homme de tous les dévouements. Les orphelins trouvaient en lui un père, les pauvres un soutien, les affligés un consolateur, les malades un charitable médecin, les esclaves un libérateur. Tel nous apparaît saint Amand au milieu des peuplades qu'il évangélise, et toute sa vie n'est qu'un enchaînement d'œuvres de charité.

« Vous l'eussiez vu, dit un hagiographe (1), » dans la campagne, tantost auprès d'un enfant » qu'il instruisoit avec une douceur de père, tan- » tost avec un homme auquel il expliquoit les » articles de notre créance, comme à son frère ; » une autre fois, s'il entroit dans une église, il y » faisoit exhortation, échauffant les tièdes en » l'amour de DIEU, rappelant les pécheurs à la » pénitence, confortant et affermissant dans la » foi ceux qui chancelaient dans la religion, les » obligeant, par ses pressantes raisons, accompa- » gnées de sa douceur ordinaire, à quitter le » péché et s'attacher fortement à JÉSUS-CHRIST ;

1. Cité par M. Destombes : Manuscrit de la Bibl. de Cambrai.

» ce qu'il faisoit d'une manière si touchante, que
» les plus impies, nonobstant leurs endurcisse-
» ments, avoient de la peine à résister. Un autre
» jour, il s'employoit à la visite des malades,
» pour leur donner la consolation dont ils avoient
» besoin, taschant surtout de scavoir l'estat de
» leurs âmes et de leurs consciences, afin que s'il
» leur donnoit de la consolation pour le corps,
» quelquefois mesme une guérison entière, il fai-
» soit toujours en sorte de ne pas laisser leurs
» âmes dans l'erreur ni dans le péché. »

On le voit, saint Amand, à l'exemple de saint
Paul, se faisait *tout à tous pour gagner les âmes à
Jésus-Christ.*

Il est particulièrement une œuvre de miséricorde qu'il affectionnait entre toutes et à laquelle
il se livra avec un zèle infatigable, l'œuvre de la
Rédemption des Esclaves. L'Église, en apportant
au monde les bienfaits de la civilisation chrétienne, l'a délivré de cette plaie honteuse de
l'esclavage qui réduisait des millions d'hommes
au rang des êtres sans raison ; mais, évidemment,
pour accomplir cette grande œuvre, il a fallu bien
des siècles, et à l'époque qui nous occupe l'esclavage n'était pas encore entièrement aboli.

Il est certain qu'au temps de saint Amand on
voyait encore, dans les ports de mer, venant de
l'étranger, ou même sur les marchés publics, des

bandes d'esclaves exposés en vente comme de vils troupeaux de bétail.

Notre saint ne pouvait rester indifférent à ce triste spectacle ; aussi le voyait-on parfois accourir dans les ports ou sur les rives des grands fleuves, quand un vaisseau abordait : « Lorsqu'il rencon-
» trait des captifs ou de petits enfants d'au-delà
» des mers, dit son historien (1), il les rachetait
» de ses propres deniers ; puis, après les avoir
» instruits, il les régénérait dans l'eau du Bap-
» tême, leur rendait la liberté, et leur permettait
» de retourner dans leur pays. Que s'ils s'atta-
» chaient à lui, il en faisait des disciples et les
» plaçait en diverses églises ou monastères. Plu-
» sieurs d'entre eux devinrent, dans la suite, des
» évêques, des prêtres ou d'honorables abbés. »

« O mon Père, s'écrie à ce sujet le moine-
» poète (2), ma bouche reste muette devant les
» prodiges de votre charité ! La rançon est dans
» vos mains et les captifs sont délivrés : rançon
» et captifs, vous envoyez tout dans les Cieux... Il
» ne suffit pas à votre zèle de vous dévouer tout
» entier à DIEU, de lui gagner partout des âmes
» chez les peuplades dispersées et de les purifier
» dans les eaux vivifiantes et sacrées. Notre belle

---

1. Bolland. VI Feb., *Vita sancti Amandi.*
2. Id. Milo, *Vita sancti Amandi.*

» France ne peut suffire au feu qui vous consume ;
» il vous faut la terre tout entière ; il vous faut
» ceux qu'amènent sur nos rivages les flots et les
» vaisseaux étrangers. Les voilà qui arrivent au
» port ; déjà accourt l'avide acheteur, mais vous,
» ô Père vénéré, vous l'avez devancé ! »

CHAPITRE NEUVIÈME.

Première mission de saint Amand. — Il convertit le peuple du pays de Gand. — — Il ressuscite un mort. — Éclatante conversion de Bavon.

LA Belgique actuelle était, au VIIᵉ siècle, un pays à peu près désert. Elle faisait partie d'une grande province appelée l'Austrasie, et était soumise à la domination des rois de France (sous Clotaire II et Dagobert Iᵉʳ).

Les peuples qui habitaient cette contrée étaient pour la plupart idolâtres ou retombés dans l'idolâtrie. Ils se livraient à tous les vices et se faisaient remarquer par leur férocité.

On rencontrait çà et là des bois sacrés, des arbres, des fontaines, des statues de dieux, auxquels les païens rendaient leurs hommages superstitieux.

Brûlant du désir de convertir à la religion de JÉSUS-CHRIST ces malheureuses populations, saint Amand, accompagné de quelques missionnaires, se dirigea vers le pays où s'élèvent maintenant la grande cité de Gand et les villes d'alentour. C'est là qu'il entreprit sa première et sa plus belle mission.

Le succès qui couronna plus tard ses efforts ne fut pas obtenu sans de grandes peines, et, pour employer le mot de la Sainte Écriture, « il sema dans les larmes avant de moissonner dans la joie. »

Tout d'abord, les féroces habitants ne voulurent pas le recevoir, et lui firent endurer toutes sortes de mauvais traitements.

Le courageux apôtre cependant ne se décourageait pas. Dans l'espoir de les convertir, tantôt il leur montrait l'Enfer ouvert en punition de leurs crimes, tantôt il les suppliait de ne pas rejeter les grâces de salut que leur offrait l'infinie miséricorde de Dieu. Ses prières, aussi bien que ses menaces, étaient inutiles.

Il devenait la risée de tous quand il annonçait les vérités de notre sainte religion. Il soulevait une aveugle fureur quand il montrait la folie des croyances païennes. On l'insultait, on le poursuivait à coups de pierres. « Que de fois, nous dit » son historien, ne fut-il point déchiré, frappé, » meurtri de coups ? Que de fois même ne fut-il » pas précipité dans les eaux de l'Escaut, ou des » autres rivières qui arrosent ces contrées ! » (1)

Tout autre que cet intrépide soldat de Jésus-Christ eût perdu courage et aurait abandonné ce malheureux peuple, comme l'abandonnèrent en effet ceux qui l'accompagnaient. Mais, loin de le décourager, les épreuves semblaient enflammer

---

1. Boll. *Vita sancti Amandi.*

permit pas. Bientôt la situation changea de face, grâce à un grand miracle dû aux prières de saint Amand et à l'éclatante conversion de Bavon, seigneur de Gand, qui plus tard devint lui-même un saint.

Saint Amand, dans ses courses apostoliques, arrive un jour à Tournay. Il y trouve la population en émoi. Un crime venait d'être commis. Bientôt, en effet, il voit passer un lugubre cortège. Une foule immense entourait un malheureux qu'on accusait à tort ou à raison d'être le coupable. On le conduit, au milieu des insultes, des vociférations et des cris de mort, sur la place publique. Là était établi un tribunal que présidait un guerrier, nommé Dotton, gouverneur de la ville au nom de la France.

Le malheureux comparaît devant son juge, et bientôt la sentence de mort est prononcée.

Ému par ce triste spectacle et n'écoutant d'ailleurs que les inspirations de son bon cœur, notre saint évêque fend la foule et vient se jeter aux pieds du gouverneur pour lui demander la grâce du condamné. Peines inutiles. Le juge reste inexorable, et, sur-le-champ, les bourreaux se saisissent du criminel et le suspendent à une potence, où il expire aux yeux de toute la multitude.

Peu à peu la foule se disperse. Amand demande

la permission de détacher le cadavre de la potence et de le faire transporter dans sa demeure.

Sa demande ayant été acceptée, il se met en prière et supplie le Seigneur de rendre la vie à ce mort plus malheureux que coupable. Et voici que Dieu manifeste sa toute-puissance. A la prière du saint, le mort ressuscite ; il semble sortir d'un profond sommeil, ouvre les yeux et se lève ; puis, apercevant son sauveur, il se jette à ses pieds et verse des larmes de repentir et de reconnaissance. Amand l'embrasse avec effusion, lui annonce le vrai Dieu, à qui il doit la faveur d'un si grand miracle, puis, après avoir lavé ses plaies, qui se guérissent aussitôt, il le renvoie plein de vie et de santé.

On conçoit l'impression que dut produire ce miracle sur tous les cœurs obstinés. Le bruit du prodige se répandit dans toute la contrée et jusque dans le pays de Gand, de sorte que l'évêque apparut au milieu des populations comme un bienfaiteur envoyé de Dieu. Aux injures et aux mépris, succédèrent le respect et l'admiration. Des foules entières accoururent écouter sa parole, et, la grâce de Dieu touchant les cœurs, les conversions se multiplièrent. « Tous à l'envi couraient
» renverser les bois sacrés, détruire les temples
» et les statues de Jupiter, de Mercure et des
» autres idoles, pour élever sur leurs débris des

» oratoires et des chapelles au vrai DIEU. » C'est ainsi qu'Amand et ses disciples eurent le bonheur de gagner des milliers d'âmes à JÉSUS-CHRIST.

Un événement qui eut lieu à quelque temps de là, vers 640, acheva d'amener les contrées de la Belgique à la religion chrétienne : ce fut la conversion de Bavon, gouverneur même de la ville de Gand.

Bavon s'était rendu célèbre par ses cruautés et était devenu la terreur de toute la région. On le redoutait comme un brigand : c'était du reste le surnom qu'on lui donnait : *Latro.*

Mais ce farouche guerrier avait épousé une femme chrétienne, remplie de douceur et de charité, qui sut par ses vertus gagner le cœur de son mari.

En maintes circonstances, Bavon s'était senti subjugué par l'ascendant de son éclatant mérite ; aussi fut-il atterré lorsque la mort vint frapper sa pieuse compagne.

Sa douleur n'aurait su s'exprimer ; les sanglots, les rugissements qu'il poussait dans sa tristesse touchaient les cœurs les plus endurcis (1).

---

1. On relève encore dans la vie de saint Bavon ce fait touchant : De son mariage était née la bienheureuse Aglétrude. Cette enfant, à peine sortie du berceau, entendit une voix céleste qui lui disait : « Crois en moi, et toi qui es née de nobles ancêtres, par la vertu du Verbe de DIEU, tu enfanteras tes propres

Ce moment d'épreuve était l'heure de la grâce. Saint Amand se trouvait alors à Gand, et Bavon se sentit intérieurement poussé à aller trouver l'homme de Dieu. Fidèle à ce bon mouvement de la grâce, il quitte son château et se rend auprès de l'évêque. Celui-ci l'accueille avec bonté, le console, lui fait comprendre que le malheur qui le frappe maintenant est un avertissement du Ciel, et que Dieu l'appelle à changer de vie, à faire pénitence de ses fautes et à devenir un saint. Bavon écoutait ces paroles comme si elles sortaient de la bouche de Dieu même. Il sentit tout à coup son cœur se changer entièrement. Sans résister davantage, il se jette aux pieds d'Amand, confesse humblement ses crimes, et déclare qu'il s'en remet complètement à lui pour la direction de sa vie. De retour à son château, Bavon distribue tous ses biens aux pauvres, et, sous la conduite d'Amand, termine sa vie dans les pratiques les plus austères de la pénitence. Cette conversion produisit une grande et salutaire impression sur tous ceux qui avaient connu le terrible guerrier ; elle contribua beaucoup à ramener une foule d'âmes à Dieu.

Bavon, devenu plus tard un grand saint, est demeuré le patron de la ville de Gand. Dans cette

parents. » La petite fille commença dès lors à prier pour le salut de son père, et par ses mérites ne fut pas étrangère à sa conversion.

ville s'élève une magnifique église en son honneur. On y remarque un tableau de Rubens représentant saint Bavon distribuant ses biens aux pauvres.

Pour assurer les fruits de salut opérés durant sa mission dans la Gaule-Belgique, saint Amand appela à son aide des prêtres et des religieux, et bâtit dans différents endroits diverses abbayes, entre autres celles de Gand et de Blandin.

Par ce moyen, la foi put se maintenir et faire des progrès au milieu de ces peuples barbares. Les moines dans leurs couvents appelaient par leurs prières les bénédictions de DIEU sur ces populations ; de nombreux prêtres se répandaient partout pour prêcher les vérités de la religion, instruire les enfants, leur apprendre le catéchisme et administrer les Sacrements. C'est ainsi que la civilisation remplaça peu à peu dans ces contrées la barbarie païenne.

CHAPITRE DIXIÈME.

Saint Amand est appelé à la cour de Dagobert. — Il reprend le roi de ses scandales.
— Il est envoyé en exil. ∼∼∼∼∼∼∼∼∼∼

AU VIIe siècle la puissance des évêqnes était très considérable. En répandant dans les diverses contrées barbares les bienfaits de la religion et les lumières de la civilisation, ils fai- saient pénétrer en même temps le respect des lois, l'ordre et la paix.

Aussi comprend-on que les rois les aient eus en grande estime et qu'ils se soient appuyés sur eux pour l'administration de leur royaume, leur confiant le gouvernement des villes, les appelant dans leurs conseils, les faisant vivre souvent auprès de leurs personnes en qualité de ministres.

Tels furent deux illustres évêques contempo- rains de saint Amand, saint Éloi et saint Ouen, qui tous deux étaient ministres de Dagobert (1).

1. Saint Amand était depuis longtemps déjà lié d'amitié avec ces deux pieux personnages. On raconte dans la vie de saint Ouen le trait suivant : Dodon (saint Ouen), encore laïc, était chancelier du royaume et menait à la cour une vie pleine d'édi- fication. Ayant fait construire dans les forêts de Brie en Cham- pagne l'abbaye de Rebais, il pria saint Amand et saint Pharon, évêque de Meaux, d'en faire la consécration. Les deux prélats répondirent à son appel, et la cérémonie se fit avec éclat. — Or, voici qu'au moment où les évêques soulevaient la lourde

Le nom de notre saint, qui venait de se rendre si célèbre par sa mission dans la Gaule-Belgique, n'était pas inconnu à la cour de ce roi. Il savait que Clotaire II, son père, l'avait jugé digne de l'épiscopat ; il avait entendu parler de son zèle, de ses vertus, de ses miracles. Il avait donc une haute idée de son mérite, et c'est sans doute ce qui explique l'intervention de saint Amand auprès de lui.

Dagobert, dont le nom a été ridiculisé bien à tort, était un grand prince ; sans doute, comme les rois de cette époque, il avait conservé le caractère rude et farouche des guerriers francs, mais il n'en fut pas moins remarquable par sa sagesse, ses exploits militaires, son zèle pour la justice et son amour des lettres.

Malheureusement, il ternit ces belles qualités par des vices honteux, et, aveuglé par la passion,

---

pierre d'autel qu'ils allaient consacrer, elle s'échappa de leurs mains et se brisa en deux pièces. Ce fâcheux contretemps était bien de nature à déconcerter tous les assistants, mais nos deux saints ne se troublent pas pour si peu. Ils se mettent en prière, et, dans leur foi naïve, ils n'hésitent pas à demander à DIEU de réparer l'accident par un miracle. Leur confiance est aussitôt récompensée ; au signe de croix qu'ils tracent sur la pierre, les morceaux se rejoignent si bien, dit la chronique, «qu'il apparaissoit » seulement une raye menue au milieu de la rompure, comme une » séparation faicte à la lime. »

Jean Cousin, Hist. de Tournay.

Il menait, à l'époque dont nous parlons, une vie
scandaleuse!

... grande abbaye ... royaumes qui l'entouraient, et,
en particulier, l'évêque saint Cumbert son ancien

précepteur, le vénérable Pépin de Landen, saint Éloi et saint Ouen, qui n'étaient alors que laïcs, gémissaient des écarts de leur souverain et des tristes conséquences qu'allaient amener ses débauches.

Dans l'espoir de mettre fin à ces scandales, ils pensaient que l'arrivée, au palais, d'un homme recommandable par son caractère apostolique et ses éminentes vertus, venant au nom de DIEU reprocher au roi sa conduite, pourrait faire impression sur l'esprit et le cœur du prince.

Ils jetèrent alors les yeux sur Amand et lui demandèrent de se charger de cette mission si difficile, qui exigeait tant de tact, de courage et de désintéressement.

Notre bienheureux eût préféré sans doute continuer ses courses apostoliques ; il était missionnaire avant tout ; il n'aimait point fréquenter les grands et s'occuper des affaires du siècle. Mais aussi il était soumis à DIEU, et, voyant dans cet appel l'expression de sa sainte volonté, il n'hésita pas, quitta son cher troupeau et se dirigea vers la capitale.

Arrivé au palais, après avoir imploré le secours de DIEU dans une ardente prière, il demande audience ; comme autrefois le prophète envoyé par DIEU à David pour lui reprocher son crime et l'avertir de la colère divine, il ose aborder le roi, et, dans un langage plein de respect, sans doute, mais aussi plein de fermeté, en qualité de ministre de JÉSUS-CHRIST, il a le courage de lui reprocher ses scandales. Il le conjure, au nom du salut de son âme, au nom de l'Église dont il est le défenseur, au nom de la patrie dont il est le chef, de mettre un terme à ses égarements.

Le langage du saint apôtre dut faire impression sur le cœur de Dagobert, car, comme nous le verrons bientôt, la courageuse démarche d'Amand devait plus tard porter ses fruits.

Mais, pour le moment, le malheureux prince ne voulut pas se rendre à cet avertissement du Ciel, et c'est ici que l'on peut voir dans quels égarements peut entraîner une passion coupable. Refoulant les nobles sentiments de son cœur, il étouffa la voix de sa conscience, s'abandonna à la colère, chassa de sa présence le courageux missionnaire, et, pour éloigner de son palais un témoin gênant de ses actions, il le condamna à l'exil. Ainsi notre saint, qui, au prix de tant de souffrances et même au péril de sa vie, s'était dévoué au salut de sa patrie, s'en voyait chassé honteusement. Il accepta cette épreuve nouvelle avec résignation. Obéissant aux ordres injustes du prince comme il avait obéi à DIEU, il se retira et quitta le palais, le cœur oppressé sans doute, mais adorant en toutes choses les desseins impénétrables de la Providence, et concevant peut-être le secret espoir que ses efforts ne seraient pas sans récompense. Plus grand encore dans l'humiliation et le malheur que dans la gloire et la prospérité, il prend le chemin de l'exil.

Que va-t-il faire? Rester inactif? Non, sans doute; un cœur d'apôtre comme le sien, brûlant du désir de sauver les âmes et soupirant après le martyre, ne saurait se condamner au repos; il se dirige donc vers le royaume d'Aquitaine, que gouvernait Caribert, frère de Dagobert, et va dans le Sud de la France pour évangéliser le pays des Vascons. Nous ne parlerons pas de ses travaux dans ce pays, où il retourna du reste plus tard, car, comme nous allons le voir, de grands événements l'obligèrent bien vite à le quitter.

CHAPITRE ONZIÈME.

Dagobert rappelle saint Amand de l'exil. —
Baptême du fils du roi.

L'HEURE de l'épreuve précède d'ordinaire
l'heure du triomphe et de la récompense.
Saint Amand, après avoir subi l'ignominie, va
maintenant être glorieusement réhabilité.

Au milieu de ses égarements, Dagobert n'était
pas exempt de remords ; en pensant aux aver-
tissements du courageux missionnaire, il se repro-
chait son injuste conduite à l'égard de l'envoyé
de DIEU. Un heureux événement vint tout à coup
faire revivre dans son cœur les sentiments de la
foi et du repentir.

Dagobert, qui n'avait pas encore d'héritier, eut
un fils en l'an 632. La naissance de cet enfant
fut pour lui le sujet d'une grande et légitime joie.
Il était au comble du bonheur et tout le pays
tressaillait d'allégresse avec lui ; partout on
entendait retentir de joyeuses acclamations ; les
évêques et les prêtres bénissaient le Seigneur, les
nobles et les grands du royaume félicitaient le
roi, les guerriers frappaient leurs boucliers de leurs
lances ; tous étaient d'autant plus heureux qu'on
avait craint de voir s'éteindre la famille du grand
roi, la race illustre de Clovis et de Mérovée.

Cette faveur du Ciel fut la cause du retour de

Dagobert au bien. Il comprit enfin l'horreur de ses désordres, et voulut donner à ses fautes une éclatante et généreuse réparation. Il résolut donc de rappeler Amand de l'exil et de lui demander de baptiser l'enfant de bénédiction qui venait de naître, et il envoya à l'humble missionnaire une députation de ses officiers chargée de l'accompagner jusqu'au palais du roi.

Amand, bénissant DIEU de cet heureux changement, rentra en triomphe dans sa patrie et arriva dans la ville de Clichy, près de Paris, où se trouvait la résidence royale.

A peine Dagobert le vit-il arriver, qu'il courut à sa rencontre, et, oubliant sa dignité royale, lui, le roi de France, il se jeta à ses genoux et le conjura de lui pardonner sa faute.

Amand, confus de cet honneur, s'empressa de le relever ; mais le monarque, voulant exprimer les sentiments de repentir dont son cœur était rempli, lui dit : « Que j'ai de regret d'avoir agi
» envers vous comme un insensé et de n'avoir
» point écouté les sages conseils que votre affec-
» tion paternelle vous inspirait ! Maintenant, je
» vous prie, saint pontife, oubliez entièrement
» cette injure et veuillez m'accorder ce que je
» vais vous demander. DIEU m'a donné un fils,
» bien que je n'aie pas mérité cette faveur. J'ai
» jeté les yeux sur vous et vous ai choisi pour

» purifier son âme dans les eaux du Baptême et
» lui servir de Père spirituel. C'est l'héritier de ma
» couronne, mon enfant ; je veux qu'il soit aussi
» le vôtre, afin qu'imitant un jour vos exemples,
» il devienne en même temps l'héritier de vos
» vertus. »

Surpris d'entendre ces paroles, Amand, qui
ne s'attendait pas à un pareil honneur, et qui,
d'ailleurs, redoutait de rester attaché à la cour,
pria le roi de ne point exiger de lui un semblable
ministère. Il lui fit observer qu'il trouverait dans
son royaume un grand nombre d'évêques plus
dignes que lui de ces égards, que, sa mission
étant de prêcher l'Évangile, il ne pourrait remplir
convenablement auprès de son fils ses obligations
de Père spirituel. Bref, après avoir respectueu-
sement exposé son refus, il se retira et se disposa
à prendre congé du roi et de la cour.

Chose étonnante et qui montre bien la vénération qu'il avait pour le saint missionnaire, le
roi ne s'offensa point de ce refus, et, voulant
triompher de la résistance d'Amand, il appela
ses conseillers, Éloi et Ouen, leur rapporta l'en-
tretien qu'il avait eu avec lui, et leur donna l'ordre
d'insister encore auprès de l'évêque pour le décider
à se rendre à ses désirs.

Ils allèrent donc trouver Amand pour le conjurer de revenir sur sa décision : « Vénéré Père, lui

» dirent-ils, veuillez acquiescer à la demande de
» notre maître ; il y va de la gloire de notre
» DIEU et du salut des âmes ; en acceptant cette
» charge, vous opérerez un grand bien au palais.
» Cet enfant, destiné à devenir un jour roi des
» Francs, avancera beaucoup l'œuvre de DIEU
» au milieu de ses peuples par les sages leçons
» qu'il recevra chaque jour ; et d'ailleurs votre
» consentement, qui comblera de joie notre roi,
» vous laissera, si vous le désirez, toute liberté
» pour prêcher l'Évangile dans le royaume et les
» contrées voisines. »

Ces derniers mots ne pouvaient manquer de faire impression sur le cœur d'Amand. Il céda donc, et les deux ministres s'en allèrent aussitôt annoncer à Dagobert la bonne nouvelle.

On commença sur-le-champ les préparatifs de la cérémonie du Baptême, qui eut un éclat extra-ordinaire. La ville d'Orléans fut choisie pour sa célébration, et le roi d'Aquitaine, frère du roi, fut désigné pour tenir avec saint Amand l'enfant royal sur les fonts baptismaux.

Au jour fixé, au milieu des acclamations du peuple, le cortège se dirigea vers l'église en chantant des hymnes et des cantiques. Amand apparaissait comme le héros de cette somptueuse solennité. On le regardait avec une curiosité mêlée d'admiration et de respect. On remarquait l'air de sainteté qui brillait en toute sa personne, et chacun à l'envi s'inclinait sous la bénédiction du pontife. On arrive au baptistère de l'église et l'évêque commence la cérémonie du Baptême.

Un fait prodigieux, rapporté par les chroniqueurs du temps, se produisit en cette circonstance. Au milieu des rites sacrés, au moment où le ministre prononçait une oraison qui finissait par ces mots : « La paix soit avec vous, par JÉSUS-CHRIST Notre-Seigneur qui vit et règne avec le Père et le Saint-Esprit, dans les siècles des siècles, » on vit tout à coup le petit enfant, qui n'avait que quarante jours, relever la tête et répondre lui-même d'une voix claire et distincte : « *Amen !* »

Les témoins de ce miracle demeurent muets d'étonnement ; un instant, on doit suspendre la cérémonie pour laisser libre cours aux sentiments de reconnaissance qui remplissent tous les cœurs, et Amand, ému lui-même jusqu'au fond de l'âme, achève le rite sacré.

Après que le Baptême a été administré, l'évêque, selon l'usage de ce temps, donne au nouveau-né la Confirmation ; puis, après avoir célébré le Saint Sacrifice de la Messe, il va porter à l'enfant une parcelle de la Sainte Hostie.

Le fait miraculeux que nous venons de citer est raconté par le moine Baudemond, auteur contemporain, rapporté dans les mémoires de la vie de saint Sigebert, et confirmé par plusieurs autres chroniqueurs.

Il était sans doute le présage des vertus de cet enfant béni qui devint plus tard un saint. Malheureusement il régna très peu de temps, car il mourut à la fleur de l'âge, enlevé à l'affection de tous ses sujets.

Après les événements que nous venons de rappeler, Amand, bénissant le Seigneur de ses bienfaits, s'éloigna de la cour et retourna à ses travaux apostoliques, sans cesser pourtant de veiller avec la plus grande sollicitude sur l'enfant royal confié à ses soins.

CHAPITRE DOUZIÈME.

Fondation de l'abbaye d'Elnon. — Bienfaits produits par l'établissement des monastères.

AVANT de raconter comment saint Amand fonda l'abbaye d'Elnon, il nous faut bien comprendre les bienfaits qui résultaient pour les peuples de l'établissement des monastères.

Armes de la ville de Saint-Amand (1).

Lorsque les évêques, aidés de leurs disciples, avaient eu le bonheur de convertir à la religion chrétienne les peuples au milieu desquels ils prêchaient l'Évangile, leur premier soin était d'établir des monastères ou abbayes dans les pays conquis à JÉSUS-CHRIST.

Ces monastères étaient de couvents où se réunissaient des moines, prêtres ou religieux,

1. Armes de la ville de Saint-Amand. — Dé sinople à épée d'argent garnie d'or, posée en pal, pointe en haut flanquée de deux fleurs de lys d'or. — Devise : *Sancti Amandi in Pabula.*

vivant en communauté sous la règle généralement acceptée de saint Benoît (1), et ayant à leur tête un supérieur appelé abbé. Il est facile de se rendre compte des avantages qui résultaient de la fondation de ces maisons religieuses au point de vue de la foi et de la civilisation d'un pays.

Sans ces institutions durables, l'œuvre de la conversion des païens, qui ordinairement avait coûté tant de peines, aurait été bientôt anéantie. Par ce moyen, au contraire, elle se maintenait et portait des fruits. Le culte religieux, l'administration des Sacrements, l'enseignement du catéchisme, la prédication et tous les autres moyens de salut étaient assurés aux populations, et les monastères étaient comme autant « de ruches d'où sortaient des essaims d'apôtres travaillant à la formation chrétienne des peuples. » Une abbaye dans ces temps reculés était à la fois une église, une école, une bibliothèque, un hospice, un asile pour les pèlerins, les captifs et les malheureux, un atelier, une ferme modèle.

Que faisaient en effet ces religieux ? D'abord *ils priaient*. Bien des gens du monde, qui n'ont plus la foi, ne comprendront pas, sans doute, la portée de cette affirmation, et pourtant il n'en est pas moins vrai que c'est là le premier et le plus

---

1. Saint Amand et ses religieux étaient donc des Bénédictins.

Intérieur d'un couvent ; les moines s'occupent à divers travaux

important service que les moines rendaient à la société au milieu de laquelle ils vivaient.

La créature ne peut rester indifférente vis-à-vis de son Créateur ; aussi le premier devoir de l'homme est-il la prière, qui renferme l'acte d'adoration, de louange, de reconnaissance et d'amour dû à Dieu. Or, ce grand devoir de la prière est trop souvent oublié dans le monde ; il faut donc, comme compensation à cette omission sacrilège, des associations d'âmes dévouées qui prient pour ceux qui ne prient pas. Ce sont des paratonnerres vivants qui préservent la société des foudres de la colère divine.

En offrant chaque jour à Dieu le Saint Sacrifice de la Messe, en chantant ses louanges, en récitant leur office, les moines travaillaient à leur manière et d'une façon très efficace au bien spirituel de ces peuples nouvellement convertis (1).

Les moines aussi portaient les populations au bien par *l'exemple des vertus* qu'ils pratiquaient.

Comment les vertus pratiquées dans le cloître n'auraient-elles pas frappé l'esprit et touché le

1. « Le premier de tous les services que conféraient les moines à la société chrétienne, c'était de prier beaucoup, de prier toujours pour tous ceux qui prient mal ou qui ne prient point. Ils détournaient ainsi la colère de Dieu, ils allégeaient le poids de impiétés du monde, ils rétablissaient l'équilibre entre l'empire du Ciel et l'empire de la terre. »

Montalembert. *(Les Moines d Occident.)*

cœur des peuples barbares ? Comment n'auraient-ils pas été saisis d'une irrésistible admiration et épris d'une noble émulation quand ils voyaient des hommes comme eux, et parfois des guerriers et des princes, quitter le monde pour vivre dans le silence et la retraite, embrasser volontairement l'obéissance absolue, la pauvreté, la chasteté, travailler toute leur vie à vaincre leurs mauvaises passions, et cela pour gagner un monde invisible et à venir ?

N'était-ce pas pour eux une prédication vivante et de chaque instant qui leur faisait dire avec l'Évangile : « Le salut est donc la seule chose nécessaire, et je suis sur la terre avant tout pour connaître, aimer et servir DIEU et gagner ainsi le Ciel. »

Aussi l'institution des monastères a-t-elle contribué à faire fleurir dans le monde, la foi et la vertu, et, comme conséquence, elle y a apporté l'adoucissement des mœurs, l'ordre et la paix.

Les moines se livraient encore *aux œuvres de piété et de charité.*

La règle de saint Benoît permettait à l'abbé d'assigner à chaque religieux telle ou telle occupation conforme à ses aptitudes. Il y avait dans les monastères des moines chargés des fonctions pastorales, enseignant la parole de DIEU, faisant le catéchisme et administrant les Sacrements.

D'autres, comme nous le verrons, se livraient à l'étude et à d'autres genres d'occupations.

Les œuvres de charité florissaient également à l'ombre des monastères, qui étaient le refuge de toutes les misères. Les richesses qu'ils possédaient formaient le patrimoine des pauvres, et les revenus du couvent, provenant de la libéralité des riches, servaient à soulager les malheureux, à faire l'aumône aux indigents, à procurer des secours aux pauvres, à exercer, en un mot, toutes les œuvres de miséricorde qui sont recommandées par l'Évangile.

Les moines *se livraient à l'étude*. Ils s'occupaient de l'instruction de la jeunesse, enseignaient les éléments des lettres et des sciences ; même ils abordaient les hautes questions de philosophie et de morale. Ils écrivaient l'histoire. Si les principaux traits de la vie de saint Amand nous sont conservés, n'est-ce pas grâce aux vieilles chroniques des moines Baudemond, Milon, Hubald, etc. ? Ils cultivaient la poésie, la musique et les beaux-arts. C'est grâce aux monastères que se sont conservés tant de chefs-d'œuvre littéraires et artistiques, par les manuscrits qu'ils composaient ou copiaient avec un soin si minutieux, et qui, sans eux, auraient péri dans ces siècles barbares (1).

---

1. Voir à la bibliothèque de Valenciennes les précieux manuscrits provenant de l'abbaye de Saint-Amand.

Notre saint Amand, en particulier, devait être lui-même une des lumières de son siècle, car il fut choisi pour porter au Pape les décisions du concile contre les monothélites.

Il était grand ami des lettres, et l'un de ses voyages à Rome eut surtout pour but d'aller y chercher de nombreux ouvrages dont il dota ses monastères.

Enfin les moines ont été des *ouvriers intrépides* et des travailleurs infatigables ; ils bâtissaient des moulins, des greniers, des fours ; ils s'occupaient de divers travaux d'atelier ; ils étaient surtout agriculteurs.

Que de terrains incultes défrichés par leurs soins ! que de marais desséchés, de pays assainis, de plaines fertilisées (1) !

Partout ils ont élevé l'agriculture au plus haut degré de perfection. N'avons-nous point sous les yeux une preuve palpable de l'efficacité de leurs travaux dans la merveilleuse fertilité de cette terre que nous habitons, primitivement remuée et transformée par les mains de saint Amand lui-

1. Le défrichement des contrées forestières et marécageuses du Nord est à peu près exclusivement l'œuvre des moines ; quant à la France, on a calculé que le tiers de son territoire avait été mis par eux en culture, et que les 3/8 de ses villes et ses villages leur doivent leur existence. — M. Martin, dans son bel ouvrage : *Les Moines et leur Influence sociale.*

même et de ses religieux ? C'est ainsi que Milon, deux siècles plus tard, pouvait dire dans son enthousiasme qu'autour du monastère d'Elnon étaient réunis « tous les ornements et toutes les magnificences de la nature, qui élèvent les âmes vers les splendeurs éternelles. »

Certes, dans la suite du temps, il y a eu parfois des abus à déplorer au sein de ces monastères. Les ennemis de l'Église se sont plu à les exagérer. Pour nous, nous devons les reconnaître sans que notre foi s'en alarme. Que veut-on prouver en les jetant à la face de l'Église ? Que l'institution monastique est mauvaise ? On n'en a pas le droit, pas plus qu'on n'a le droit de dire d'un arbre qu'il est mauvais parce qu'en récoltant ses fruits on en a trouvé qui étaient de mauvaise qualité.

Cela prouve seulement que les hommes peuvent abuser de leur liberté et s'en servir pour commettre le mal ; mais l'institution monastique n'en reste pas moins une institution bénie, et l'on peut dire des moines ce qu'un historien anglais et protestant disait des évêques : « Ils ont fait la France comme les abeilles font leur ruche (1). »

---

1. « Partout et toujours, la prospérité de l'Église a été d'autant plus florissante « que les communautés religieuses ont été plus ferventes et plus libres. » Montalembert. — Disons, à l'honneur des moines de Saint-Amand, qu'en tout temps, et au moment de la Révolution en particulier, la discipline de l'abbaye était irréprochable.

Nous avons insisté sur ce point pour faire comprendre la raison d'être de ces fondations multiples d'abbayes au VIIe siècle et dans les siècles suivants.

On s'explique ainsi pourquoi les évêques, et en particulier notre saint fondateur, se sont fait un devoir de peupler de monastères la France qu'ils évangélisaient.

CHAPITRE TREIZIÈME.

Saint Amand fonde le monastère d'Elnon (année 639). — Charte de Dagobert. — Bulle du pape Martin Ier.

S AINT Amand, voulant faire tourner au profit de la religion les bonnes dispositions du roi à son égard, lui demanda la propriété d'une

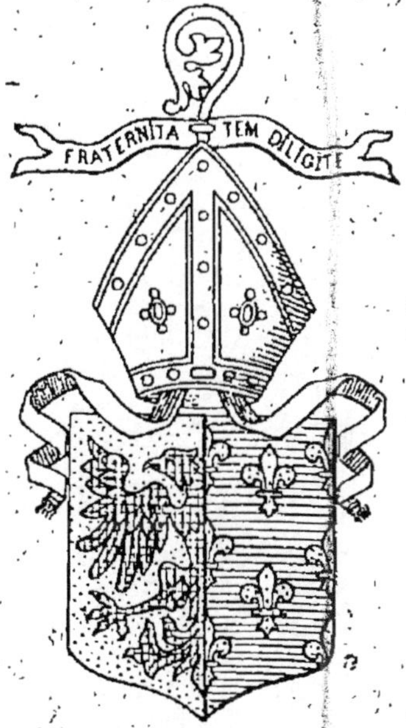

Armes de l'abbaye d'Elnon (1).

portion de terre assez étendue, à l'effet d'y bâtir un monastère.

1. Armes de l'abbaye d'Elnon : My party d'or à l'aigle esployé de sable, becquée et membrée de gueles ; le deux d'azur semé de fleurs de lys d'or. Devise : *Fraternitatem diligite.*

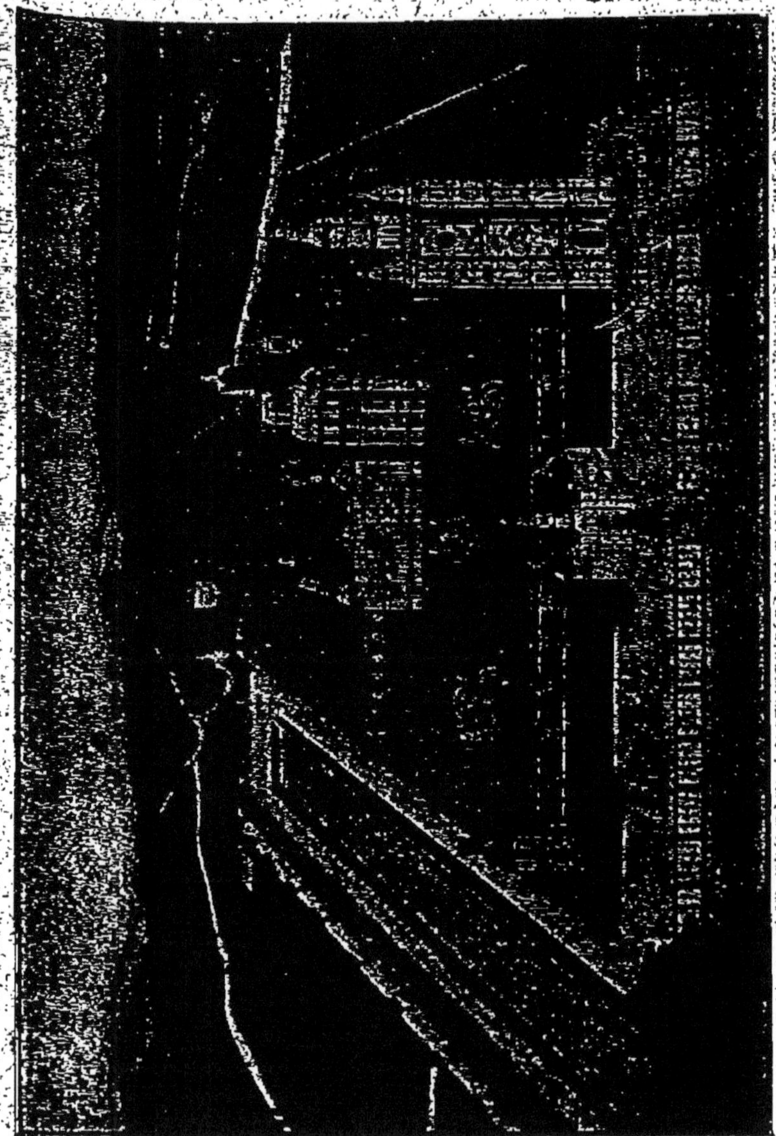

Vue d'ensemble de l'abbaye de Saint-Amand, reconstruite par l'abbé du Bois, au XVIIe siècle. (D'après le tableau conservé au musée de Valenciennes.)

Ce territoire, situé entre la Scarpe et l'Elnon, est celui sur lequel s'élève aujourd'hui la ville qui porte son nom (1).

Comme un général d'armée choisit un point stratégique pour devenir le centre de ses opérations militaires, saint Amand voulait établir dans le pays une importante abbaye qui serait comme le centre de ses missions évangéliques, et assurerait le succès de ses travaux dans ces contrées.

Or le pays sur lequel il avait jeté les yeux était favorable à ses projets. De son monastère d'Elnon, il pouvait rayonner dans tout le pays de Pévèle (2), et un accès facile lui était ouvert pour arriver à Tournai, Gand, Valenciennes, Marchiennes, Condé, Douai et autres lieux où le saint, par lui-même ou par ses auxiliaires, devait fonder bientôt d'autres monastères.

Dagobert ne pouvait rien refuser à l'évêque qui venait de donner le Baptême à son fils ; il accéda donc volontiers à son désir et le rendit propriétaire du terrain demandé par une charte

---

1. Remarquons que, si l'on excepte celui qu'éleva saint Géry à Cambrai, il n'y avait pas de monastères dans nos contrées avant saint Amand.

2. C'était le nom qu'on donna plus tard au territoire de Flandre où était situé Saint-Amand. Pévèle, de *pabula*, veut dire pâturage; de là la devise : « *Sancti Amandi in Pabula,* » placée dans les armes de la ville.

qui nous a été conservée et dont voici la traduction (1) :

« Au nom de Notre-Seigneur JÉSUS-CHRIST,
» Dagobert, Roi, par la grâce divine :

» Nous croyons que DIEU nous sera favorable
» si nous appliquons nos soins particuliers à
» reformer et raffermir le culte religieux, et si
» nous ouvrons, à ceux qui aiment la religion,
» la main de notre magnificence et de notre
» libéralité.

» C'est pourquoi nous voulons faire savoir à
» tous, présents et à venir, que Amand, vénérable
» par sa vie, lequel, par la grâce de DIEU, a
» baptisé notre fils Sigebert, ayant déjà construit
» plusieurs églises et monastères pour étendre le
» culte divin, et les ayant bien disposés, s'est
» adressé à notre pouvoir et, comme un infati-
» gable ouvrier de la vigne du Seigneur, confiant
» dans notre largesse, a sollicité humblement de
» notre générosité un lieu situé entre les deux
» fleuves de la Scarpe et de l'Elnon.

» Bien que ce lieu fût, à cause de la grande
» épaisseur de la forêt, difficile à défricher, cepen-
» dant il l'a trouvé convenable pour son œuvre,
» et plus encore après lui pour l'établissement et

---

1. Une fresque du chœur de l'église paroissiale représente
Dagobert remettant à saint Amand la charte qui lui garantit la
donation royale.

» la sécurité des serviteurs de DIEU qu'il avait
» déjà le projet d'y placer sous la protection
» divine.

» Considérant donc la digne demande du
» révérend Pontife tant en vue de la stabilité et
» de la paix de tout notre royaume que pour le
» salut de notre âme, nous lui avons concédé,
» selon le vœu de notre cœur, le lieu qu'il deman-
» dait, avec les eaux et les forêts qui l'envi-
» ronnent, et nous avons décrété cette conces-
» sion avec la sanction qui ratifie les lois.

» Nous ordonnons en conséquence et nous
» commandons en vertu de notre royale autorité
» qu'aucune personne séculière ou ecclésiastique
» ne tente de causer aucune inquiétude, ou oppo-
» sition, ou préjudice, ou violence à ce Pontife ou
» à ses successeurs à cause du lieu décrit ci-dessus
» que nous lui avons concédé avec ses eaux et
» forêts par cet acte de notre libéralité ; mais
» plutôt que ce même Pontife et ceux qu'il aurait
» établis en cet endroit aussi bien que ceux qui
» lui succéderaient, aient et possèdent ce don de
» notre royale munificence, en sécurité et perpé-
» tuellement, sans aucune diminution et sans
» discussion ni contradiction,

» Que si l'amour divin voulait que ce lieu
» prospérât et grandît par les travaux de cet
» homme si digne d'être aimé et de ses succes-

» seurs, et par les pieuses largesses des hommes
» bienfaisants, nous faisons remise entière, tant
» au Père précité qu'à ses successeurs, de tout ce
» que le droit du fisc pourrait exiger à l'avenir,
» soit pour les procès, soit pour les amendes, soit
» sur les partages ou achats de terre, soit de toute
» autre manière.

» Nous voulons en effet que ce lieu et toutes
» les choses qui en dépendent, quoi que les lar-
» gesses des princes ou la piété des fidèles y
» ajoutent par la suite, reste sous notre protection
» et la sauvegarde de notre immunité.

» Et pour que notre volonté royale demeure
» ferme et immuable à jamais, nous avons signé
» ci-dessous de notre propre main le présent édit
» et nous l'avons scellé de notre anneau ; nous
» exhortons nos successeurs à imiter en cela notre
» exemple.

» Donné aux Calendes de mai, indiction sept,
» l'an onze du règne de Dagobert. Fait heureu-
» sement en la ville de Paris. Ainsi soit-il.

» Gérard, secrétaire en remplacement de
» Dodon, chancelier, a recueilli cet acte. »

Quelques années plus tard, le pape Martin Ier
envoyait à saint Amand une bulle reconnaissant
l'existence et le privilège du monastère.

Voici un extrait de cette bulle :

« Martin, évêque, le dernier des serviteurs de

» DIEU, à tous ceux qui aiment DIEU, salut :
» Nous devons nous réjouir du progrès et de la
» propagation de notre sainte Mère l'Église
» catholique et apostolique, et porter secours à
» ceux qui, en vue de la récompense céleste,
» travaillent à la vigne du Seigneur. C'est pour-
» quoi nous faisons savoir à tous les enfants
» présents et à venir de la Sainte Église univer-
» selle comment notre fils chéri Amand, avec le
» consentement et à la demande de notre très
» cher fils, de glorieuse mémoire, Dagobert,
» roi de France, et de son fils Sigebert, a solli-
» cité un privilège de notre autorité, pour un
» monastère à qui il a donné le nom d'Elnon,
» qu'il a consacré en l'honneur du Bienheureux
» Prince des Apôtres, Pierre, et du Docteur des
» nations, Paul, entre le cours de deux rivières,
» de Scarpe et d'Elnon. Nous accordons donc
» ce privilège, de notre autorité, à ce monastère
» pour le temps où nous vivons et les temps qui
» suivront. »

Saint Amand se met donc à l'œuvre et bientôt,
au confluent de la Scarpe et de l'Elnon, au
milieu de ces terrains marécageux choisis par
saint Amand, s'éleva cette vénérable abbaye
d'Elnon, qui devait plus tard prendre le nom
de son illustre fondateur. Grâce aux efforts des
travailleurs, le pays changea bien vite d'aspect, et

peu à peu, autour du monastère, se groupèrent les premières maisons de notre ville.

« Ce n'était d'abord qu'un amas de huttes in-
» formes, bâties de terre et de roseaux, basses,
» obscures, mal fermées, abritant à peine la
» famille pêle-mêle avec les animaux domesti-
» ques. Sous ces toits grossiers, se réfugiaient
» quelques centaines d'hommes à peine vêtus,
» vivant du produit de la chasse et de la pêche,
» auquel s'ajoutaient les aumônes de l'abbaye.
» Sous la protection du monastère, ces malheu-
» reux se sentaient au moins plus rassurés con-
» tre les vexations et les cruautés, et comme à
» l'abri de la misère qui jusqu'alors avait été
» leur unique lot (1). »

Amand avait bâti au monastère d'Elnon deux oratoires ou chapelles, l'une réservée à ses religieux et dédiée à saint Pierre, l'autre, sous le vocable de saint André, à l'usage du peuple et dans laquelle les fidèles venaient accomplir leurs devoirs religieux.

Cette dernière fut remplacée plus tard par l'église paroissiale de Saint-Martin.

Il est assez naturel de regarder saint Amand comme le premier abbé du monastère, mais comme ses travaux apostoliques, qu'il continua malgré sa charge, l'obligeaient à de fréquentes

______

1. M. de Courmaceul, p. 37.

absences, il s'était associé deux coadjuteurs, les
moine Ursus et Jonat. Ce dernier devint plus
tard abbé de Marchiennes, où il mourut sainte-
ment. On l'honore encore dans cette ville d'un
culte tout particulier.

CHAPITRE QUATORZIÈME

Mission chez les Slaves. — Deuxième pèlerinage de saint Amand à Rome (vers 645).

SAINT Amand n'avait point fondé le monastère d'Elnon pour y fixer son séjour et mener dans le cloître une vie solitaire et cachée. Sa vocation était d'être apôtre, et son âme ardente le portait à aller prêcher l'Évangile partout où il espérait gagner des âmes à DIEU, afin d'étendre le plus qu'il le pourrait le règne de JÉSUS-CHRIST.

Aussi le voyons-nous reprendre ses courses apostoliques après avoir assuré l'avenir de son monastère privilégié.

Malheureusement cette époque de la vie de saint Amand est peu connue, faute de documents historiques.

Ce que nous savons, c'est qu'il entreprit alors une série de missions qui durèrent plusieurs années.

Suivi de quelques disciples, il s'en va donc traversant des pays inconnus, franchissant les montagnes, les forêts et les fleuves pour prêcher l'Evangile à des peuplades encore barbares.

Il est probable qu'il suivit le cours du Rhin en évangélisant les peuples qu'il rencontra sur sa route, et en particulier ceux qui habitaient Worms,

Mayence, Trèves, Strasbourg, car, d'après les traditions de ces églises, saint Amand est regardé comme un apôtre du pays.

Poursuivant ses voyages, il arrive enfin au sein d'une tribu presque sauvage, appelée les Slaves, établie sur les bords du Danube (dans l'Autriche actuelle).

Là nous savons qu'il fit un long séjour, car c'était surtout pour travailler à christianiser cette tribu qu'il avait quitté nos contrées.

Voici comment il y avait été amené. Un marchand de la Gaule-Belgique, appelé Samon, avait, au cours de ses voyages, trafiqué dans ces pays. Puis, on ne sait comment, il avait été retenu par les barbares, et bientôt, grâce à son audace et à son génie, élu comme souverain de la tribu. Les guerriers l'avaient proclamé leur chef en lui jurant obéissance, de sorte que Samon le marchand du Hainaut était devenu roi des Slaves. Il régna sur eux durant trente-cinq ans, et à la tête de ses soldats résista aux tribus voisines ; il fit même plusieurs fois la guerre, avec des alternatives de succès et de revers, au roi des Francs, Dagobert Ier (1).

---

1. Samon ayant sollicité une alliance avec Dagobert, l'ambassadeur du roi lui répondit fièrement : « Est-il possible que des chrétiens fassent alliance avec des chiens ? »—« Puisque nous sommes des chiens, reprit alors Samon en colère, nous saurons vous mordre. » C'était une déclaration de guerre ; elle éclata en effet ; elle fut longue et terrible, mais Dagobert finit par triompher.

Vue intérieure de l'église de l'abbaye de Saint-Amand.
(D'après un tableau de Jean de Douelle, né à Courtrai, mort à
Tournai, en 1793. Galerie particulière de M. J. Lenglart à Lille.)

Saint Amand. 6

Amand n'ignorait pas ces événements ; il est même permis de penser que le roi des Francs l'avait chargé de travailler à pacifier ce peuple. Quoi qu'il en soit, aidé de ses disciples, il commença son œuvre d'évangélisation. On se figure aisément les épreuves terribles par lesquelles ils durent passer au milieu de ces peuplades indomptables. Sans doute ses efforts ne furent pas infructueux, et la semence qu'il jeta sur cette terre ingrate devait tôt ou tard porter ses fruits ; mais il ne vit pas les Slaves répondre aux efforts de son zèle. Quelques-uns se convertirent, beaucoup persistèrent dans leurs égarements.

Notre saint éprouva, parmi ce ramassis de brigands qui ne respiraient que pillage et débauche, une résistance qui attristait son cœur d'apôtre. Il resta pourtant au milieu d'eux un temps considérable, et, avant de les quitter, laissa plusieurs de ses compagnons dans le pays pour continuer son œuvre.

« Ignorés sur la terre, dit l'historien de saint
» Amand, leurs noms sont perdus dans la mémoire
» des hommes, et ce n'est qu'au grand jour des
» manifestations et des récompenses qu'il sera
» donné de les connaître (1). »

Profitant du voisinage de l'Italie et voulant retremper son courage aux tombeaux des saints

---

1. Destombes, ch. XI.

apôtres Pierre et Paul, saint Amand entreprit un deuxième pèlerinage à Rome. Le Souverain-Pontife accueillit avec joie son fils chéri, le félicita de ses grands travaux et de ses succès, l'encouragea au milieu de ses peines et lui fit don de saintes reliques ainsi que d'un grand nombre d'ouvrages précieux et d'exemplaires manuscrits des Saintes Écritures, qu'Amand répartit plus tard entre ses différents monastères.

Saint Amand ne tarda pas à revenir en France, et, comme nous allons le voir, son retour fut signalé par des événements extraordinaires.

CHAPITRE QUINZIÈME.

Miracles accomplis par saint Amand au retour de sa mission chez les Slaves.

AVANT de rapporter les deux miracles accomplis par notre saint et cités par les Bollandistes, nous pensons qu'il n'est pas inutile, pour l'intelligence de notre récit et des détails qu'on lira dans la suite de cette histoire, de présenter quelques considérations sur le miracle en général.

Il y a des personnes qui ne veulent pas croire au miracle ; c'est là évidemment une prétention que rien ne justifie et que condamne la raison elle-même. Qu'est-ce qu'un miracle ? C'est un événement contraire aux lois ordinaires de la nature et qui ne peut être produit par une cause naturelle; par exemple : Il n'est pas naturel qu'un mort ressuscite ; il faut pour cela une intervention surnaturelle ou divine. Il faut un miracle.

Que le miracle soit possible, qui pourrait le nier sérieusement ? Le Créateur, qui a posé librement les lois qui règlent l'ordre de l'univers, la marche du monde, ne peut-il pas suspendre ou modifier ces lois pour un instant quand sa divine sagesse le juge à propos ? On dira peut-être: Mais alors vous voulez donc que DIEU change d'avis et revienne sur ses propres décisions ! Aucunement. Être éternel, pour qui il n'y a ni passé, ni futur, DIEU évidemment a prévu de toute éternité tous les événements qui devaient se passer ici-bas. Il a donc prévu de toute éternité ces événements extraordinaires qu'on appelle miracles, et qui, à cause de leur rareté, ne dérangent en rien la marche du monde.

Le miracle est donc possible, et s'il ne faut pas, comme certaines bonnes femmes, crier au miracle à chaque instant, il ne faut pas non plus se poser comme incrédule de parti pris et vouloir avoir raison contre tout le monde. De part et d'autre, ce serait faire preuve de faiblesse d'esprit. Il suffit du reste pour se convaincre d'ouvrir les yeux, d'être attentif et de bonne foi.

Étant donné que le miracle est possible, il est évidemment utile, car c'est le moyen le plus simple et le plus efficace pour DIEU de manifester aux hommes sa divinité et les vérités de sa doctrine.

Aussi Notre-Seigneur JÉSUS-CHRIST a-t-il voulu prouver sa divinité par de nombreux miracles. Et voilà pourquoi il a donné à ses apôtres et à leurs successeurs le pouvoir d'en faire comme lui, et cela pour prouver la vérité de l'Évangile qu'ils prêchaient aux païens. Les miracles, dit saint Augustin, sont le moyen de faire pénétrer la foi dans les âmes : « *Miracula sunt introitus ad fidem.* »

Voilà ce qui explique comment Dieu a souvent accordé le don des miracles aux saints missionnaires qui annonçaient sa parole. Et, parmi les apôtres de la Gaule, saint Amand a été l'un des plus fameux thaumaturges.

Nous avons voulu donner en passant ces quelques notions pour répondre aux préjugés de ceux qui ne veulent pas entendre parler de miracles, et qui sont tentés, en lisant la vie des saints, de fermer le livre et de traiter de légendes les faits historiques qui y sont rapportés.

Qu'on nous permette un dernier mot à ce sujet. On dit parfois : « De nos jours, il n'y a plus de miracles. » Sans entrer dans la discussion de cette affirmation, qui est absólument fausse, nous répondrons qu'il n'y a pas à se scandaliser si les miracles sont moins fréquents de nos jours qu'au début du christianisme : c'est tout naturel, parce qu'ils ne sont pas aussi nécessaires aujourd'hui qu'alors. Jésus-Christ s'est servi des miracles pour établir la religion. Or l'Évangile a pénétré jusqu'aux extrémités du monde ; le miracle n'a donc plus sa raison d'être. «La religion chrétienne » est semblable à la plante, dit très bien saint » Grégoire, qui n'a plus besoin des premiers soins » lorsqu'elle est arrivée à sa force et à sa matu- » rité. »

Reprenons notre récit. Saint Amand, en quittant Rome, s'embarqua sur un navire qui faisait voile vers la Gaule.

On s'arrêta pour quelque temps à *Centum Celle* (aujourd'hui Civita-Vecchia), et c'est là que DIEU fit éclater la sainteté de son serviteur.

Comme nous le voyons dans l'Évangile et dans l'histoire de l'Église, le démon a un certain empire sur l'homme, et DIEU, pour punir le pécheur ou même pour éprouver le juste, permet parfois qu'il exerce son pouvoir en se rendant maître, dans des limites plus ou moins grandes, de ses sens et de sa liberté. Dans cet horrible état, l'homme est possédé du démon, à la merci des caprices et des cruautés de cet esprit du mal, jusqu'à ce que DIEU, par sa toute-puissance, le délivre de cet affreux supplice (1).

Un soir, tandis que saint Amand était en prière sur les bords de la mer, on vint lui amener un pauvre jeune homme saisi par l'esprit malin. Le malheureux entrait dans des accès de fureur et de désespoir, et, sous l'action diabolique, malgré lui et malgré tous les efforts de ceux qui l'entouraient, il se sentait poussé à se jeter dans les flots. Cependant, au moment de se précipiter dans l'abîme, au milieu des blasphèmes que le démon

---

1. Il n'est pas rare de rencontrer encore de nos jours, dans les pays païens évangélisés par les missionnaires, des cas de possession du démon.

lui faisait prononcer, il s'écrie tout à coup : « CHRIST, sauvez-moi ! CHRIST, sauvez-moi ! — Quel CHRIST invoques-tu ? » lui dit en ricanant l'esprit impur.

Saint Amand, témoin de cette triste scène, s'approche aussitôt de l'infortuné. « Mon enfant, s'écrie-t-il, dites le CHRIST, Fils du DIEU vivant crucifié ! » Le possédé obéit, et saint Amand, faisant le signe de la croix, commande au démon de se retirer.

A l'instant, le mauvais esprit se retire en rugissant, et le jeune homme, délivré de cette cruelle épreuve, calme et plein de joie, vient se jeter aux pieds du saint, ne sachant comment lui exprimer sa reconnaissance. Tous les témoins de ce prodige crient au miracle et exaltent la sainteté d'Amand ; mais l'humble serviteur de DIEU profite de cette circonstance pour rendre hommage au Seigneur du prodige qui vient de s'accomplir, et pour annoncer JÉSUS-CRIST à tous ceux qui assistaient à cette scène saisis à la fois de frayeur et d'admiration.

Le lendemain matin, on se remit en mer. Le saint évêque, qui ne perdait aucune occasion de travailler à la gloire de DIEU et au salut des âmes, profitant de l'ascendant qu'il avait conquis sur tous ceux qui l'accompagnaient, prêchait l'Évangile aux matelots et aux passagers. Bientôt, aux jurements et aux disputes qui se faisaient entendre à bord du vaisseau au début du voyage, succédèrent la prière et les chants joyeux, et la bonne harmonie s'établit entre tous les gens de l'équipage.

Un jour que les matelots avaient réussi à prendre un énorme poisson, on résolut, pour fêter cette pêche extraordinaire, de se réunir dans un festin et de faire bonne chère. Bien entendu, on y invita le bon évêque, qui, se faisant tout à tous, prit part à ce régal inattendu. Le repas fut joyeux, et tous, heureux d'avoir passé une agréable journée, se disposaient à prendre leur repos.

Mais à peine le repas était-il achevé que soudain le ciel se couvre de gros nuages, le vent souffle avec violence, la mer devient houleuse, les flots se soulèvent en mugissant. Bientôt une horrible tempête se déchaîne ; le vaisseau, ballotté par les vagues, devient le jouet du vent. Tout l'équipage est consterné, et la plus profonde tristesse, les cris d'effroi et les lamentations succèdent aux chants joyeux qui éclataient tout à l'heure. Les malheureux se voient condamnés à une mort certaine, et, s'attendant à chaque instant à être engloutis dans les flots, se laissent tout d'abord aller au désespoir.

Au milieu de cette scène de désolation, Amand,

lui, restait calme et tranquille, mettant sa confiance en la divine Providence.

Frappés de l'attitude de l'homme de DIEU, tous les passagers viennent alors se grouper autour de lui et se jettent à ses pieds en lui demandant de les sauver. Ému de compassion, Amand les console avec douceur, les rassure et les engage à mettre leur confiance en Celui qui commande aux flots en furie ; puis, se retirant à l'écart, il tombe à genoux. Une ardente prière part de ses lèvres et monte vers le Ciel. O prodige ! à peine le pieux missionnaire a-t-il fini de prier qu'une éclatante lumière l'entoure, et saint Pierre se présente à ses yeux : « Ne crains pas, Amand, lui dit-il, tu ne périras pas ni ceux qui sont avec toi. » Transporté de joie et se reposant sur la parole de DIEU, l'évêque se lève alors, puis, étendant les mains et s'adressant aux flots mugissants, comme autrefois JÉSUS-CHRIST, il leur commande de s'apaiser, et aussitôt il se fait un grand calme.

Nous renonçons à dépeindre les sentiments de joie et de reconnaissance qui remplirent le cœur de tous ceux qui venaient d'échapper à la mort. Dans leurs transports, ils se jetaient aux pieds d'Amand, se pressaient autour de lui, lui baisaient les mains.

Bientôt, matelots et passagers saluaient par des chants d'allégresse le port qu'ils avaient désespéré de revoir et abordaient sur la terre de France.

CHAPITRE SEIZIÈME.

Saint Amand nommé évêque de Maëstricht. — Son troisième voyage à Rome. — Il choisit pour lui succéder saint Rémacle (649-651).

DAGOBERT Ier, roi de France, était mort après un règne glorieux, et son fils Sigebert, encore enfant, — celui que saint Amand avait baptisé, — était monté sur le trône. L'important évêché de Maëstricht (1) étant devenu vacant, le jeune prince, guidé sans doute par les conseils de ses ministres, conçut le dessein de placer notre saint missionnaire à la tête de ce diocèse.

On comprend les motifs qui le faisaient agir. Il voulait d'abord donner à son Père spirituel un témoignage de son estime et de sa reconnaissance. Il espérait de plus qu'en fixant saint Amand dans ce pays, il pourrait plus facilement entretenir des relations avec lui et profiter de ses sages avis.

Maëstricht était d'ailleurs située au milieu des populations les plus indociles de ses États, et il jugeait avec raison que, par son zèle et sa prudence, le nouvel évêque contribuerait grandement à y ramener l'ordre et la paix.

En apprenant cette nouvelle, Amand sans

---

1. Actuellement ville de Hollande.

doute fut touché de cette marque de bonté de son royal élève, mais il ne put se défendre d'un sentiment de tristesse en pensant qu'il devrait quitter cette vie de périls, de voyages, de fatigues et de privations qu'il avait menée jusqu'alors et qui convenait si bien à son cœur d'apôtre.

Il chercha donc tout d'abord à dissuader le jeune roi, en lui faisant observer que la visite des monastères et les missions réclamaient tout son temps et toute sa sollicitude; mais, sur ses instances, et aussi sur les supplications du clergé et du peuple, il céda en gémissant et prit le chemin de sa ville épiscopale.

La réputation de sainteté du nouvel élu était parvenue jusqu'aux extrémités de la Gaule-Belgique; aussi ce fut avec des transports de joie que la cité de Maëstricht reçut son nouveau Pasteur, et l'entrée du modeste missionnaire dans cette ville et dans sa cathédrale fut un véritable triomphe.

Revêtu de sa nouvelle dignité, Amand fit pour son vaste diocèse ce qu'il avait fait pour les autres peuples. Brûlant du même zèle pour le salut de son troupeau, on le vit parcourir villes et bourgades, prêchant l'Évangile aux païens, cherchant à détruire les derniers restes de l'idolâtrie, et, armé de la force d'en haut, semant, pour ainsi dire, sous ses pas les miracles pour

gagner au vrai DIEU les cœurs des plus endurcis. (1))

Un jour dans une de ses tournées pastorales, il

(1) Certains auteurs placent ce fait à une autre époque de la
vie de saint Amand.

rencontre une pauvre femme aveugle. Touché du triste sort de cette malheureuse, il s'intéresse à elle et lui demande la cause de son infortune.

Elle lui raconte alors, qu'attachée aux superstitions des païens, elle avait autrefois adoré les idoles et rendu un culte sacrilège aux arbres de la forêt, et elle ajoute : « C'est DIEU qui, dans sa » juste colère, m'a punie, car je regarde mon » malheur comme un châtiment du Ciel. »

Le saint, pénétrant les bonnes dispositions de son cœur et voulant montrer à la foule qui l'entourait la folie de ces croyances superstitieuses, se fait apporter une hache, et, après avoir imploré le secours de DIEU, répond en s'adressant à l'aveugle : « Prenez cette hache, frappez l'un de ces arbres, et, je vous le dis, au nom de JÉSUS-CHRIST, vous serez guérie. »

Confiante en la parole du saint, elle saisit l'instrument qu'on lui présente et obéit. Au même instant, sa foi est récompensée, ses yeux s'ouvrent à la lumière. Elle recouvre la vue aux acclamations de tout le peuple, qui glorifie la puissance du vrai DIEU et la sainteté de son ministre.

Pendant que notre saint évêque gouvernait l'Église de Maëstricht, le Souverain-Pontife lui donna un témoignage bien éclatant de l'estime qu'il avait pour ses talents et ses vertus.

Une dangereuse hérésie menaçait en ce moment

l'Église et mettait la foi en péril. Un évêque révolté attaquait la religion et prêchait une doctrine contraire à la vérité. L'erreur était déjà répandue en Orient et tendait à se propager en Europe, et spécialement en Italie et en Gaule (1).

Comme le berger qui veille à ce que le loup ne vienne pas ravager la bergerie, le Pape avait aussitôt prévenu son troupeau contre l'erreur. Par ses soins, un Concile (2) avait été assemblé à Rome, et il avait solennellement condamné l'hérésie et excommunié l'évêque apostat.

Mais il voulait que ses décisions fussent connues en France et confirmées par les évêques assemblés.

A qui va-t-il s'adresser pour cela ? Le Pape ne trouve point de pasteur plus digne de cette mission que saint Amand, et voilà comment, tout en avertissant de son projet le roi Sigebert et Clovis II, — qui régnaient le premier en Austrasie et le second en Neustrie, — il écrit à l'évêque de Maëstricht, lui envoie les décisions du Concile de Rome et le charge de les transmettre à ses collègues de l'épiscopat.

1. C'était l'erreur du monothélisme, qui attaquait la personne divine de JÉSUS-CHRIST. Elle était enseignée par Théodore, évêque de Fharan (Arabie) ; les partisans de cette hérésie furent condamnés définitivement au Concile de Constantinople en 680.

2. Réunion d'évêques assemblés sous la présidence du Pape ou de son légat pour examiner les questions qui intéressent la religion.

Amand se mit aussitôt en mesure de répondre au désir du Vicaire de JÉSUS-CHRIST, et, par ses soins, plusieurs réunions solennelles des évêques du royaume eurent lieu à Chalon-sur-Saône, à Autun et à Nantes.

Les prélats adhérèrent à la décision du Pape ; puis, à leur tour, ils désignèrent l'évêque de Maëstricht pour porter au Pape les actes de leurs assemblées, comme témoignage de leur respect et de leur dévouement au Saint-Siège. Mission honorable qui encore une fois montre bien le prestige qu'exerçaient partout les mérites et la sainteté de notre héros.

Amand dut faire violence à son humilité et obéir. Malgré son grand âge, il se dirigea une troisième fois vers la Ville Éternelle, qu'il avait visitée pour la première fois trente ans auparavant.

Avant son départ, il confia le gouvernement de son diocèse à un religieux avec qui il était lié d'une sainte amitié et qui devait devenir son successeur, saint Rémacle, choisit un moine de l'abbaye d'Elnon pour l'accompagner dans son voyage, le bienheureux Nicaise, et, ayant rencontré, au début de son voyage, un prêtre qui devait plus tard devenir abbé du monastère de Maroilles, saint Humbert, il partit à Rome pour accomplir sa mission.

Le Pape saint Martin reçut le prélat avec bonté

et l'accueillit comme un frère. Saint Amand profita de cette occasion pour ouvrir son cœur au Vicaire de JÉSUS-CHRIST. Il lui confia toutes les peines qu'il avait endurées pendant son séjour à Maëstricht, à cause de la révolte de quelques membres du clergé qui ne voulaient pas se soumettre à son autorité ; il lui exprima son désir de reprendre son ancienne vie de missionnaire, qu'il n'avait quittée qu'à regret et par obéissance, et lui proposa de lui donner comme successeur le saint personnage qui gouvernait l'Église en son absence.

Le Pape dut se rendre aux instances de l'évêque et fit droit à sa demande.

Saint Amand se démit, par conséquent, de son évêché de Maëstricht, qu'il n'avait gouverné que trois ans, et, de retour en France, libre désormais il se rendit à son cher monastère d'Elnon pour travailler de là à la grande œuvre qu'il avait entreprise et se livrer encore, autant que ses forces le lui permettaient, à ses travaux apostoliques.

CHAPITRE DIX-SEPTIÈME.

Saint Amand dans ses rapports avec les principaux saints de notre contrée. — Saint Vincent et sainte Vaudru. — Fondation des monastères d'Hautmont, de Soignies et de Mons.

LA sainteté est semblable au feu qui embrase et consume tout ce qu'il atteint.

Les saints, en effet, exercent toujours, dans les contrées où ils vivent, une salutaire influence. Selon la parole de l'Écriture, ils répandent autour d'eux la bonne odeur de JÉSUS-CHRIST, c'est-à-dire qu'ils portent les peuples à la vertu et entraînent certaines âmes d'élite à les imiter.

Personne ne reste insensible aux conseils, aux exemples, à la vue même de ces hommes de DIEU.

Pour se faire une idée de l'action bienfaisante produite par la vertu des saints, il suffirait de citer de nos jours le curé d'Ars, qui n'était cependant qu'un pauvre curé de campagne, ou bien encore Dom Bosco de Turin, le Vincent de Paul de notre temps.

Faut-il s'étonner si notre illustre patron, pendant sa longue et glorieuse carrière, a exercé de son temps une influence si considérable en France, et tout spécialement dans les contrées voisines d'Elnon où il avait fixé sa résidence ?

Combien d'âmes n'a-t-il pas formées à la sainteté, et qui maintenant au Ciel brillent autour de lui comme ces étoiles qui resplendissent au firmament autour d'un astre plus lumineux !

Nous avons déjà remarqué que les évêques, dans leur mission, avaient hâte de fonder des monastères. Ils tenaient à enrichir leurs diocèses de ces centres de prière, de science et de travail, qui faisaient rayonner aux alentours la foi et la vertu en même temps que les bienfaits de la civilisation.

Saint Amand, pour son compte, fut un grand fondateurs d'abbayes. En parcourant des yeux la carte de France, au milieu des pays évangélisés par son zèle pendant plus d'un demi-siècle, on compte plus de *trente monastères* qui se glorifient de lui appartenir, et qui chantèrent ses louanges pendant douze cents ans.

La nomenclature de ces fondations serait trop longue; notons seulement celles qui nous intéressent plus particulièrement.

Parmi les guerriers qui formaient la cour du roi Dagobert, au VIIᵉ siècle, se trouvait le comte Mauger (connu sous le nom de Vincent), seigneur d'*Haumont* (1).

---

1. Haumont est aujourd'hui un des plus grands centres industriels du département du Nord. Cette ville considère Mauger comme son patron et l'honore sous le nom de Vincent.

Vincent habitait d'ordinaire ce pays, quand ses fonctions ne l'obligeaient pas à rester à la cour. Il était aimé de tous ses vassaux, et on le considérait comme la providence des pauvres, car il était surtout remarquable par sa grande charité. Aidé de son épouse, qui était une sainte dans le monde (1), il mettait son bonheur à soulager toutes les infortunes, et ensemble ils passaient leur vie en faisant le bien.

DIEU leur avait donné quatre enfants qui profitèrent si bien des leçons et des exemples de leurs parents, qu'ils partagèrent un jour avec eux les honneurs de la sainteté.

Ce furent Landri, l'aîné de tous, ses sœurs Maldeberte et Adeltrude, puis Dentrelin, qui mourut tout enfant, orné de l'innocence baptismale. DIEU avait sur cette belle famille, qui aurait pu vivre riche et honorée au milieu du monde, des desseins mystérieux, car parents et enfants devaient bientôt donner un grand exemple de renoncement aux richesses et aux honneurs d'ici-bas, et nous allons les voir tout quitter pour embrasser la vie religieuse et travailler ainsi au salut des âmes.

Ce fut d'abord Landri, le fils aîné du comte Vincent, qui inaugura cette série de sacrifices extraordinaires.

1. Ste Vaudru était elle-même fille de St Walbert et de Ste Bertilie

Ce jeune homme, se sentant appelé à la vocation ecclésiastique, vint un jour trouver son père et lui déclara son intention de se consacrer à DIEU et de devenir prêtre.

Malgré les vifs sentiments de foi qui animaient son cœur, le comte, qui rêvait pour son fils un avenir brillant dans le monde, fut désagréablement surpris en apprenant cette nouvelle, et, raisonnant plus en père qu'en chrétien, il lui refusa son consentement.

Cependant la grâce imposa bientôt silence à la nature, et, craignant de s'opposer aux desseins de DIEU, il fit généreusement le sacrifice de son enfant en lui permettant de suivre sa vocation.

« Exemple — ajoute son historien — trop souvent méconnu par des parents aveugles, qu mettent obstacle à la vocation religieuse de leurs enfants, et qui se montrent si complaisants à leur égard quand le monde, où tout est piège, vanité et corruption, leur sourit et leur fait ses promesses mensongères. »

DIEU récompensa son serviteur en l'appelant à devenir ainsi le père d'une immense famille de religieux. Il se servit pour cela, comme nous allons le voir, du concours de saint Amand, avec qui depuis longtemps il était en relations.

Un jour qu'une grande solennité religieuse devait avoir lieu dans la contrée, à l'occasion de là consécration du monastère bâti par saint Ghislain, le comte voulut s'y rendre en compagnie d'une grande foule de pèlerins. C'est là que la grâce l'attendait.

La cérémonie était présidée par saint Amand et par saint Aubert, évêque de Cambrai, et ces deux vénérables pontifes firent entendre tour à tour la parole de DIEU.

Ils prêchaient avec tant de force et d'onction sur le renoncement au monde et le bonheur de la vie religieuse que Vincent, intérieurement ému, sentit naître dans son cœur le désir de dire adieu à toutes les grandeurs d'ici-bas pour se retirer dans la solitude. Il hésitait encore, lorsque une nuit, dit son historien, « un ange lui apparut » en songe lui ordonnant, de la part de DIEU, de » bâtir une église à Hautmont en l'honneur du » Prince des Apôtres ; et en même temps il lui en » désigna la forme avec un roseau qu'il tenait » entre les mains. »

Vincent raconta le songe qu'il avait eu à son épouse Vaudru, et, pour s'assurer de la réalité de l'apparition, ils s'en allèrent tous deux vers l'endroit désigné par le messager céleste. O prodige ! ils aperçoivent en effet, en arrivant, la campagne couverte de neige à l'exception de l'emplacement même de l'église, qui était parfaitement dessiné et absolument sec.

Il n'y avait plus qu'à adorer les secrets desseins de la Providence, et Vincent, fidèle à l'appel de DIEU, sur les conseils de saint Amand et de saint Aubert, prend une résolution héroïque : il quitte sa famille, renonce à toutes ses dignités et fonde le monastère d'Hautmont.

Saint Amand allait souvent voir le nouveau solitaire, entouré de nombreux religieux qui étaient venus s'adjoindre à lui. « Visiteur assidu d'Hautmont », comme l'appelle un biographe, il aimait à suivre les progrès de la communauté naissante, à l'aider des conseils de sa sagesse et de son expérience. Aussi, grâce à son zèle, le monastère devint bientôt l'un des plus florissants de la contrée.

Saint Vincent fonda plus tard un deuxième monastère à *Soignies*. Ce fut là qu'il rendit sa belle âme à DIEU entre les mains de son fils, saint Landri, devenu évêque de Meaux, et qui, se démettant de sa charge, succéda à son père dans le gouvernement des religieux (677).

Quant à la pieuse épouse de saint Vincent, elle profita du départ de son époux pour entrer elle-même en religion. Elle fonda un monastère de femmes à *Mons*, en Belgique, et mourut en odeur de sainteté. Sainte Vaudru est la patronne de cette ville. On y conserve encore ses reliques, objet de la vénération de tout le pays d'alentour·

Enfin les filles de saint Vincent et de sainte Vaudru imitèrent les pieux exemples de leurs parents. Elles se retirèrent au monastère de Maubeuge sous la direction de l'angélique sainte Aldegonde, leur tante, dont nous allons raconter l'histoire en quelques mots, parce qu'elle se rattache d'une façon toute particulière à celle de saint Amand (I).

I. Admirons la magnifique efflorescence de saints produite par le VIIe siècle, que Mabillon appelle justement *l'âge d'or* de l'Église. Et ce ne sont pas seulement des particuliers, comme nous le voyons, mais des familles entières qui se rencontrent sur les pages du martyrologe. Remarquons aussi les fruits de sainteté produits par l'Ordre de saint Benoît, qui réclame à lui seul, dit *Dom Pitra*, l'honneur de posséder deux cents quarante saints canonisés. — Ce chiffre ne comprend pas les saints évêques qui ont commencé ou fini sous la règle du Mont Cassin.

CHAPITRE DIX-HUITIÈME.

Saint Amand et sainte Aldegonde, patronne de Maubeuge.

SAINTE Aldegonde était la sœur de sainte Vaudru (1). Comme elle, issue d'un sang royal, elle pouvait aspirer aux honneurs, mais, éprise d'amour pour JÉSUS-CHRIST dès l'âge le plus tendre, elle résolut de se consacrer à son divin Époux et de ne vivre que pour lui seul dans la solitude du cloître.

Sa résolution était si ferme que, pour éviter les sollicitations d'un jeune prince anglais, nommé Eudo, qui la recherchait en mariage, elle quitta sa demeure et se retira dans les bois et les marais de *Malbodium* (Maubeuge). Elle se cacha pendant quelque temps dans cette triste retraite, afin d'éviter toute poursuite, puis, ayant appris que saint Amand et saint Aubert se trouvaient au monastère d'Hautmont, auprès de son beau-frère Vincent, elle alla se jeter à leurs pieds en les suppliant de recevoir le vœu qu'elle faisait de rester à jamais vierge et de se consacrer à DIEU.

---

1. Hucbald, l'un des religieux les plus célèbres de l'abbaye de Saint-Amand, a écrit l'histoire de cette sainte.

Émus par les accents de piété de cette noble et courageuse jeune fille, les deux pontifes n'hésitèrent pas à l'admettre à la profession religieuse, et c'est dans le monastère d'Hautmont qu'Aldegonde déposa ses vêtements mondains pour prendre l'humble habit des servantes de JÉSUS-CHRIST. Ce fut là qu'elle reçut, des mains de saint Amand, le voile des vierges.

Ici se place un trait charmant rapporté par le savant moine Hucbald. L'office divin était commencé, Aldegonde a déposé les parures mondaines et pris l'humble habit de la profession religieuse. Sur l'autel on avait étendu le voile de la consécration, et le pontife Amand récitait les prières liturgiques, lorsque tout-à-coup une colombe, ou plutôt l'Esprit-Saint sous la forme d'une colombe, descend du ciel. Lentement, les ailes étendues, la colombe plane sur l'autel ; elle prend le voile béni par l'évêque, puis, s'aidant du bec et des pieds, elle l'étend comme un pavillon et s'élève pour rendre le peuple témoin du miracle. Quand tous ont admiré le prodige, la colombe descend, couvre du voile le front d'Aldegonde et disparaît dans les airs (1).

Libre désormais, Aldegonde n'eut plus qu'un

---

1. Cité par Edmond Leroy dans son Histoire de sainte Aldegonde. — On conserve pieusement dans l'église de Maubeuge le voile mystérieux ainsi que d'autres reliques de la sainte.

désir, celui de passer sa vie dans la solitude du cloître ; elle chercha un asile au couvent. Mais Amand, inspiré d'en haut, lui dit que DIEU l'appelait à fonder elle-même une famille religieuse. D'après ses avis, Aldegonde revint donc dans les bois où elle s'était réfugiée, et y jeta les fondements d'un monastère qui devint le berceau de la ville de Maubeuge.

Comme nous l'avons dit, Adeltrude et Maldeberte, ses nièces, vinrent se mettre sous sa direction, et bientôt une importante communanté de vierges fleurit dans ce pays et y donna l'exemple des plus belles vertus.

Sainte Aldegonde, dirigée par saint Amand, s'éleva bientôt au plus haut point de la perfection. Sa vie ressembla plutôt à celle d'un ange qu'à celle d'une créature humaine. Elle fut favorisée du don des miracles et de révélations surnaturelles (1). Comme nous le raconterons à la fin de cette notice, c'est elle qui, dans une vision céleste, fut miraculeusement avertie du bienheureux trépas et de l'entrée au Ciel de son Père spirituel saint Amand.

Sainte Aldegonde est la patronne de Maubeuge. Elle est en grande vénération dans cette ville.

---

1. Dans l'église de Sainte-Vaudru à Mons, on admire un tableau du XVIIe siècle représentant sainte Aldegonde traversant la Sambre à pied sec, soutenue par deux anges.

✳✳✳✳✳✳✳✳✳✳✳✳✳✳✳✳✳✳✳✳✳✳✳✳✳✳✳✳✳✳✳

CHAPITRE DIX-NEUVIÈME.

Fondation des abbayes de Marchiennes et d'Hamage.

PRIVÉ dès le jeune âge de ses parents, Adalbaud, fils d'un noble franc, leude du palais de Dagobert (1), avait grandi sous l'œil de saint Amand, et le saint évêque, par ses conseils et sa sage direction, lui avait en quelque sorte servi de père.

Quand le jeune prince fut en âge d'administrer ses biens, il voulut, par reconnaissance, offrir au protecteur de son enfance une portion de territoire qu'il possédait aux environs de Douai, et lui fit don d'une terre située sur les rives de la Scarpe avec le droit d'y établir un monastère.

Amand vit dans cette circonstance un moyen de procurer une fois de plus la gloire de DIEU, et accepta avec joie cette généreuse donation. En peu de temps s'éleva, par ses soins, sur cet emplacement, une nouvelle abbaye de Bénédictins qui fut le berceau de la ville de Marchiennes (2).

Ne pouvant prendre en main la direction de ce monastère, il y plaça comme abbé un religieux

---

1. On donnait ce nom aux grands seigneurs attachés à la personne des rois francs. Ils l'accompagnaient partout, au palais et dans les expéditions militaires.

2. On voit encore à Marchiennes les ruines de l'abbaye.

d'Elnon, l'un de ses disciples chéris, saint Jonat, dont nous avons déja parlé.

A côté de ce monastère s'éleva bientôt un couvent de femmes, grâce à l'initiative de notre bienheureux saint. Voici dans quelles circonstances :

Adalbaud, qui était parti en guerre au pays des Wascons (Gascons), tomba victime d'un guet-apens et fut cruellement mis à mort (1). Sa veuve, Rictrude, plongée dans la plus grande douleur, pleura longtemps l'époux chéri avec qui elle avait passé les plus belles années de sa jeunesse, et, lasse du monde et de ses vanités, à la suite de ce coup terrible, elle sentit naître en son cœur un attrait irrésistible

pour le cloître. Elle eut recours à saint Amand, qui, après avoir longuement réfléchi, crut voir dans le malheur qui l'avait frappée un signe de la volonté de DIEU, et permit à Rictrude de mettre à exécution son pieux dessein.

Après avoir assuré l'avenir de ses enfants, la courageuse princesse se disposa à répondre à

---

1. Adalbaud fut déclaré saint par l'Église ; c'est un des patrons de Douai.

l'appel divin; mais, avant d'accomplir son sacrifice, au moment de quitter sa famille, ses biens, son château, elle fut soumise à une rude épreuve qu'elle eut la force de surmonter.

Le roi de France, Clovis II, avait ressenti un vif chagrin de la mort d'Adalbaud, pour lequel il éprouvait une profonde affection. Obéissant à des vues politiques, et aussi pour donner une marque d'estime à la veuve de son ami, il manifesta à Rictrude le désir de lui voir prendre pour époux un des seigneurs de sa cour, doué d'ailleurs des plus aimables qualités. Un jour même qu'il parcourait diverses parties de son royaume, il daigna descendre au château de la princesse avec l'intention de la décider à accepter cette proposition.

Rictrude fit au roi l'accueil le plus empressé et lui offrit l'hospitalité avec toute la magnificence due à son rang; mais elle résolut cependant de lui manifester énergiquement son invincible résolution de renoncer à jamais aux honneurs et aux joies du monde.

A la fin du repas, qui avait été animé par la plus douce cordialité, Rictrude se lève tout à coup et demande avec respect au roi s'il lui est permis de faire ce qu'elle veut dans sa maison. Le roi, qui ne soupçonne pas son intention et croit qu'elle va lui rendre un hommage inaccoutumé, lui répond gracieusement que chez elle nul n'a le droit de s'opposer à ses désirs.

Tirant alors de son sein un voile noir béni par saint Amand, l'héroïque princesse aussitôt se le pose sur la tête, et exprime ainsi son inébranlable volonté de quitter le monde pour appartenir à jamais à Jésus-Christ.

A cette vue, le monarque se lève plein de colère, sort de la salle du festin et quitte le château, irrité contre lui-même du consentement involontaire qu'il venait de donner à cet acte audacieux, tandis que la pauvre femme, brisée d'émotion, va chercher force et consolation au pied des saints autels.

Il fallait, dans cette délicate circonstance, intervenir auprès du prince pour lui présenter des excuses et calmer son ressentiment ; on ne trouva pas d'autre moyen que de recourir à saint Amand, et l'humble évêque ne craignit pas d'aller plaider auprès du roi la cause de la princesse. La parole du pontife adoucit le cœur de Clovis ; il fléchit sa colère à la voix de l'homme de Dieu, et la réconciliation ne tarda pas à s'opérer.

Rictrude, libre enfin de réaliser les vœux les plus chers de son cœur, prit le chemin de Marchiennes, et, à côté du monastère d'hommes établi grâce à la générosité de son époux, elle fonda, sous la conduite de saint Amand, un monastère de femmes qu'elle devait illustrer par sa sainteté.

Voilà pourquoi sainte Rictrude est honorée comme la patronne de Marchiennes. Une de ses filles, sainte Eusébie, devint abbesse d'Hamage, village situé à peu de distance de cette ville (1), et son fils, saint Mauront, fonda l'abbaye de Bruel (Merville).

1. Voir la notice de l'abbaye d'Hamage de M. l'abbé Tréca, curé de Fresnes.

CHAPITRE VINGTIÈME.

Fondation de l'abbaye d'Hasnon.

A COTÉ de l'abbaye d'Elnon, fondée par saint Amand, s'éleva, en l'an 670, l'illustre monastère d'Hasnon. Son souvenir intéresse trop les Amandinois pour que nous ne résumions pas ici l'histoire de sa fondation, à laquelle, comme nous le verrons, notre glorieux patron n'a pas été étranger.

Hasnon, au VIIᵉ siècle, était une seigneurie appartenant au comte d'Ostrevent, nommé Autebalde (1).

De l'union contractée avec sa pieuse épouse Grimoare, étaient nés huit enfants, cinq fils et trois filles. L'esprit de DIEU les animait tous, et cette belle famille, véritable sanctuaire de foi et de piété, était bien le type achevé de la famille chrétienne.

Les pieux habitants du château avaient certainement des relations avec notre saint. Il les visitait parfois et les encourageait dans la voie de la vertu, et la Chronique (2) dit positivement que les enfants du seigneur Autebalde furent préparés

---

1. Nous donnons ici la substance du récit détaillé de M. l'abbé Dewez dans son savant et intéressant ouvrage : *Histoire de l'Abbaye de Saint-Pierre d'Hasnon*, p. 17, etc.

2. *Acta Sanctorum Belgii selecta.*

dans leur jeunesse à la courageuse résolution qu'ils prirent plus tard, par « l'exemple, les secours et les conseils de saint Amand » dans les circonstances suivantes :

Après la mort de son père et de sa mère, le plus âgé des fils d'Autebalde se sentit appelé à quitter le monde pour se consacrer à DIEU dans la vie religieuse. Depuis longtemps déjà il entretenait dans son cœur ce pieux projet, quand la pensée lui vint de s'en ouvrir à sa sœur aînée, Eulalie, qui était comme lui d'une grande piété.

A cette déclaration, la jeune fille, loin de dissuader son frère, rendit grâces à DIEU, l'encouragea dans son dessein, et lui révéla à son tour qu'elle éprouvait un semblable désir, ajoutant que « si elle n'avait point encore osé céder à l'attrait de sa vocation, c'était par crainte d'abandonner aux dangers du monde ses frères et ses sœurs bien-aimés. »

Ils s'entendirent bien vite et convinrent d'exposer leurs projets devant tous leurs frères et sœurs rassemblés.

Un jour donc, la réunion décidée eut lieu. Jean et Eulalie, le cœur enflammé de l'amour divin, prirent la parole, et quel ne fut pas leur étonnement lorsque tous à l'envi déclarèrent qu'ils voulaient les imiter dans leur sacrifice, et se donner aussi à DIEU en se plaçant sous leur sage direction ! Ces âmes pures éclatèrent alors en accents dé joie et de reconnaissance, et l'on se sépara avec l'intention de mettre au plus tôt en pratique la résolution qu'on venait de prendre.

Telle fut l'origine de l'abbaye d'Hasnon (en 670).

Les frères et les sœurs réunis formèrent le noyau d'une double communauté, et sur le territoire même du manoir d'Hasnon, leur patrimoine, qui était à une heure de distance du monastère d'Elnon, s'élevèrent bientôt deux couvents, l'un pour les hommes, l'autre pour les femmes. Jean fut choisi comme abbé, Eulalie comme abbesse, et dans les deux communautés affluèrent bientôt « des fils et des filles de la sainte dilection. (1) »

---

1. Signalons en passant, avec M. l'abbé Dewez, les principales prescriptions de la règle des Bénédictins se rapportant à la dignité abbatiale.

A la tête de la communauté se touve un supérieur du nom d'*Abbé*, c'est-à-dire *Père*, qui a, pour faire observer la règle, l'autorité plénière. Il s'en décharge, dans la mesure qui lui convient, sur des *Doyens*, dont le nombre dépend du nombre des religieux (doyen veut dire préposé sur dix) ; le premier s'appelle *Prieur* et le second *Sous-prieur*. Même personnel pour les religieuses, dont l'abbesse a l'autorité supérieure. L'insigne de l'autorité abbatiale est la crosse, que l'abbé ou l'abbesse porte avec la volute tournée en dedans, comme symbole d'une juridiction intérieure, à l'inverse des évêques, qui ont la partie recourbée en dehors. Plus tard l'abbé fut autorisé à porter la mître, l'anneau et le titre de prélat.

L'abbé est élu à la majorité des voix de sa communauté. Une fois élu, son autorité ne cesse qu'avec sa vie, à moins qu'il ne la dépose.

Saint Amand, on le pense bien, ne resta pas étranger à cet événement. Combien de fois ne dut-il pas visiter ces pieux serviteurs de DIEU, les guider des conseils de son expérience, les encourager dans leur sainte entreprise, leur annoncer la parole de DIEU, célébrer dans l'abbaye naissante le Saint Sacrifice, et y exercer les fonctions de son ministère ! Aussi bien Jean, le premier abbé, n'était pas prêtre, et ce ne fut que plus tard que son frère puîné, Aldo, se prépara aux Ordres et fut élevé au sacerdoce.

La consécration de l'abbaye n'eut lieu qu'après la mort de l'abbé d'Elnon ; saint Vindicien, évêque de Cambrai, fut choisi pour cette cérémonie, qui se célébra à la grande joie des habitants de la contrée. Ils savaient, d'après le vieux dicton, « qu'il faisait bon de vivre sous la crosse. »

L'abbaye d'Hasnon a été détruite à la Révolution ; on n'en trouve plus aucun vestige : l'église actuelle est bâtie sur son emplacement.

CHAPITRE VINGT-ET-UNIÈME.

Sainte Aline convertie par saint Amand. —
Son Baptême. — Son martyre.

RAPPELONS le souvenir touchant d'une jeune païenne convertie par saint Amand, et qui eut le courage de verser son sang par amour pour JÉSUS-CHRIST.

Alena (Aline) naquit au commencement du VIIᵉ siècle, près de Bruxelles, d'une famille noble et puissante. Son père se nommait Livolde et sa mère Hildegarde.

Comme la plupart des habitants de ce pays, ils étaient païens et très attachés au culte des idoles.

La jeune Aline, sur qui DIEU avait des desseins de miséricorde, ayant appris qu'il y avait, non loin de la demeure de ses parents, un petit oratoire où le pontife des chrétiens allait parfois célébrer les saints Mystères, se sentit un vif désir de s'y rendre. Elle voulait savoir comment s'accomplissaient les cérémonies d'une religion pour laquelle on ne lui avait inspiré que du mépris. A l'insu de ses parents et poussée tout d'abord par un sentiment de curiosité, elle sortit un jour seule du château de son père et s'engagea résolument dans la forêt, au milieu de laquelle s'élevait le sanctuaire dont on lui avait parlé, se mêla à la foule des fidèles qui s'y trouvait réunie, et attendit ce qui allait se passer.

C'était l'heure de l'office que présidait saint Amand. Bientôt elle aperçut le pontife monter à l'autel, elle entendit les chants sacrés, elle fut témoin des accents de foi et de prière des assistants. Puis le ministre de DIEU, se retournant vers les chrétiens, adressa à tous la divine parole.

L'heure de la grâce avait sonné pour la jeune fille. En entendant l'explication de nos Mystères et les suaves enseignements de l'Évangile, elle sentit comme un bouleversement indéfinissable s'opérer en elle, le voile de l'erreur qui obscurcissait ses yeux se déchira, elle comprit que les croyances grossières des païens n'étaient que mensonge, et son âme droite, s'éveillant à la vérité, entrevit dès ce moment les pures lumières de la foi.

Elle quitta à regret le sanctuaire où DIEU l'avait conduite en se promettant bien d'y retourner encore. En effet, à partir de ce jour, surmontant la timidité de son âge et de son sexe, bravant tous les dangers, la courageuse enfant fuyait chaque jour la maison paternelle pour aller là où la grâce l'appelait.

Saint Amand lui-même l'instruisit de notre religion, et, peu de temps après, il eut la consolation d'arracher cette âme au démon en lui donnant le Baptême.

La conduite de la jeune fille n'avait pas été sans exciter des soupçons, et bientôt son père fut instruit de ce qui s'était passé. En apprenant que sa fille était devenue chrétienne, le farouche païen entra en fureur, et, n'écoutant que le premier moment de sa rage, il jura de se venger, même au prix de la mort de son enfant.

Sans connaître d'une manière certaine les détails du crime dont ce barbare se rendit coupable, nous savons que, sans doute par ordre de son père, la jeune vierge tomba sous le glaive des assassins, et mourut martyre en demandant à DIEU la conversion de ses parents.

Sa prière ne tarda pas à être exaucée.

DIEU, voulant manifester la gloire dont Aline jouissait au Ciel, révéla la sainteté de la vierge par de nombreux miracles opérés à son tombeau.

Le bruit de ces prodiges se répandit au loin, et le malheureux père en fut instruit ; mais, aveuglé par la fureur et le désespoir, il persévérait dans son obstination et ses erreurs.

Un jour un homme, bien connu dans la contrée, aveugle et paralytique, eut la pensée de demander à DIEU sa guérison par l'intercession de sainte Aline. Or, ayant rencontré Livolle, il lui dit : « Puisque les malades se portent en foule au

» tombeau de votre fille, et que, par ses mérites,
» ils y trouvent la guérison, je vais m'y faire
» transporter pour lui demander d'être délivré de
» mes infirmités. »

« — Jusqu'ici, lui répondit Livolde, j'ai regardé
» comme des fables tout ce qu'on m'a rapporté ;
» mais si vous revenez guéri, j'abandonne mes
» dieux et j'embrasse la foi. »

L'aveugle se fit donc conduire auprès de la dépouille mortelle d'Aline, et le miracle demandé s'accomplit.

Quand l'infortuné Livolde vit devant lui cet infirme dont les yeux étaient maintenant ouverts, et qui avait recouvré l'usage de ses membres, il n'y tint plus. Vaincu par la grâce, il se jeta à genoux, épouvanté ; puis, courant au tombeau de sa glorieuse enfant, il se prosterna la face contre terre, se frappant la poitrine, demandant pardon à DIEU, à sa fille, aux assistants, du crime dont il se déclarait l'auteur.

DIEU eut pitié de ses larmes, et, après avoir été instruit des vérités de la religion, il reçut le Baptême, changea son nom en celui de Hérald, et eut la consolation de voir aussi son épouse partager sa foi et son bonheur. Tous deux menèrent dès lors une vie chrétienne et pénitente jusqu'à leur mort.

Une chapelle fut construite à l'endroit où sainte

Aline avait été martyrisée. Saint Amand la consacra solennellement, et, depuis ce temps, elle fut l'objet d'un culte spécial et on y vint de toutes parts en pèlerinage.

On voit encore aujourd'hui à Forêt, près Bruxelles, la chapelle de sainte Aline, dans l'église paroissiale bâtie en 1481. Le tombeau est couvert d'une pierre en marbre noir, et, chaque année, de nombreux pèlerins vont y prier pour obtenir la protection de la vierge martyre, patronne du Brabant.

CHAPITRE VINGT-DEUXIÈME.

Dernière mission de saint Amand en Gascogne. — Récit de plusieurs miracles (Années 664 et suivantes.)

SAINT Amand, après avoir quitté le siège épiscopal de Maëstricht, avait repris sa vie d'apôtre. La visite des nombreux monastères qu'il avait fondés, faisait surtout l'objet de ses soins, et il s'appliquait avec un zèle incessant à faire fleurir dans ces saintes maisons la discipline, le travail et la piété.

On raconte qu'un jour, en visitant une abbaye située au centre du royaume, il entendit parler du triste état des peuples qui habitaient le Midi de la Gaule et qu'on appelait les Wascons (Gascons). Ces barbares étaient encore presque tous idolâtres. Livrés aux superstitions les plus grossières, ils allaient jusqu'à offrir à leurs dieux des sacrifices humains au fond des forêts. D'autre part, bien que soumis au roi des Francs, ils étaient cependant presque toujours en état de révolte, faisaient irruption dans les contrées environnantes, et répandaient partout la terreur, le pillage et la désolation. Travailler au salut de ces malheureux, était donc à la fois une œuvre de piété et de patriotisme. Il n'en fallait pas davantage pour exciter le zèle du saint apôtre. Peut-être

Miniature d'un manuscrit provenant de l'abbaye
de Saint-Amand (Bibliothèque de Valenciennes.)

d'ailleurs connaissait-il déjà ces populations qu'il avait sans doute traversées en revenant de son troisième pèlerinage de Rome.

Toujours est-il que, malgré son grand âge (car il avait atteint déjà sa soixante-dixième année), il résolut de s'en aller porter les bienfaits du christianisme au sein de ces peuplades.

A la tête de quelques disciples, l'intrépide missionnaire se mit en route sans se laisser effrayer par les fatigues du voyage et les dangers de toutes sortes qui le menaçaient, sans se laisser arrêter à la pensée des violences qu'il allait subir de la part de ces infidèles.

Les anciennes chroniques n'entrent dans aucun détail au sujet de cette longue et périlleuse mission ; ce que nous savons, c'est que les commencements de la mission furent remplis de toutes sortes d'épreuves, mais que DIEU couronna les efforts des courageux missionnaires et les consola par d'éclatantes et nombreuses conversions.

DIEU voulut aussi en cette circonstance mettre sa toute-puissance au service du zèle de son serviteur. Voici quelques traits miraculeux qui ont été sauvés de l'oubli :

Un jour que le saint vieillard prêchait du milieu d'une grande foule (1), un misérable, sans

1. D'après une autre opinion, ce fait se serait produit lors de la première mission de saint Amand en Gascogne.

nul égard pour les cheveux blancs du missionnaire, se mit à l'insulter publiquement, contre-
faisant ses gestes, se moquant de ce qu'il disait
et cherchant à ameuter le peuple contre lui.

Amand ne répondait à ces injures que par le
silence et continuait à prêcher.

Cependant Celui qui a dit en parlant de ses
prêtres : « Celui qui vous écoute, m'écoute, et celui
qui vous méprise, me méprise, » se chargea de
venger l'honneur de son ministre d'une manière
éclatante.

Tout à coup, en effet, tandis qu'il proférait ses
insultes, le malheureux se sent comme frappé
d'un coup de foudre et tombe anéanti. On s'approche aussitôt de lui, on l'entoure, et on le voit
avec terreur se rouler par terre dans les convul-
sions de l'agonie, les yeux hagards, la bouche
écumante, se tordant de douleur et de rage ; et
c'est dans cet état qu'il expire presqu'aussitôt à
la vue de tous les assistants. Cette terrible leçon
de la justice divine produisit sur tout le peuple
une impression de crainte salutaire, et les témoins
de cette scène émouvante, reconnaissant dans ce
châtiment le doigt de DIEU, de ce vrai DIEU que
saint Amand leur prêchait, vinrent se jeter aux
pieds du missionnaire en demandant pardon de
leurs fautes et en implorant la grâce du Baptême.

Cet événement fut le signal de nombreuses

conversions, et, à partir de ce moment, l'Évêque fut regardé comme un envoyé de DIEU ; on le reçut avec respect, on écouta ses avis, et bientôt le pays tout entier changea de face.

DIEU confirma encore par d'autres miracles la sainteté de son serviteur.

Un jour qu'il était arrivé dans une ville, que l'on croit être Aire dans les Landes (1), saint Amand s'en alla rendre visite à l'évêque de la contrée.

Heureux de recevoir dans sa maison un homme qu'il regardait comme un saint, le prélat tout joyeux lui offrit la plus affectueuse hospitalité. C'était l'usage alors de présenter à ses hôtes, en signe de respect, de l'eau pour se laver les mains ; dès son entrée, l'évêque s'empressa donc d'en offrir au missionnaire ; puis, sans paraître y attacher de l'importance, il remet le bassin dont on s'était servi à l'un de ses serviteurs en lui recommandant de ne pas jeter l'eau qu'il contenait.

Peu après, tandis que saint Amand se reposait de ses fatigues, l'évêque, cachant sous son manteau le bassin d'eau qu'il avait voulu conserver, sort et se dirige vers sa cathédrale.

---

1. La Chronique de Don Daniel du Buisson, moine bénédictin, attribue à saint Amand la fondation de l'abbaye bénédictine de Saint-Séver dans les Landes, et sans doute aussi celle du monastère de Sainte-Quitterie.

Il y avait à la porte de l'église un mendiant aveugle qui, depuis de longues années, implorait la charité des passants. Il était par conséquent connu de tout le monde. L'évêque l'aborde et lui dit : « Mon fils, si tu as la foi, mouille tes yeux » avec cette eau dans laquelle Amand, le servi- » teur de DIEU, a lavé ses mains ; j'espère que » par ses mérites tu recouvreras la vue. »

L'aveugle obéit ; il se frotte les yeux avec l'eau qu'on lui présente, et au même instant un cri de joie sort de sa bouche : ses yeux se sont ouverts à la lumière, il voit !

L'évêque, bénissant DIEU de ce prodige, con- voque les fidèles à l'église, en même temps que le bruit du miracle se répand aussitôt de toutes parts. La foule accourt avec empressement ; cha- cun veut voir l'aveugle guéri, et tous font éclater leurs transports d'allégresse et de reconnais- sance.

Mais quand un ministre de DIEU travaille avec zèle et succès au salut des âmes, il doit s'attendre à la persécution, car le démon jaloux s'acharne à lui susciter des obstacles et emploie toutes ses ruses pour déchaîner contre lui la jalousie et la haine. Saint Amand, qui arracha tant d'âmes à l'enfer, fut bien souvent l'objet des attaques de l'esprit mauvais. Dans maintes cir- constances sa vie fut même en péril, mais toujours DIEU, qui veillait sur son serviteur, le préserva des coups de l'ennemi.

Une fois, entre autres, notre saint fut protégé d'une façon bien visible par la main de la divine Providence.

C'était pendant le cours d'une mission au pays de Rodez. Un seigneur de ce pays, jaloux du succès de l'ardent apôtre et irrité de ce qu'il voulait établir un monastère dans la contrée, résolut de le mettre à mort.

Il envoya donc vers lui quelques misérables gagnés à prix d'argent, et qui avaient reçu l'ordre de l'amener sous un prétexte quelconque dans un endroit solitaire pour accomplir leur affreux dessein.

Amand soupçonnait une trahison, mais il se remit tout entier aux mains de la Providence et suivit ceux qui le conduisaient sans témoigner la moindre défiance.

Arrivés au lieu qui devait être le théâtre du crime, les assassins s'arrêtent, et, tirant de leur sein des armes qu'ils avaient cachées, s'apprêtent à consommer leur forfait. Tout à coup, bien que le ciel fût pur et sans nuage, un orage épouvantable éclate, le tonnerre gronde avec fracas, les éclairs aveuglent les yeux des meurtriers et la foudre brille à leurs pieds. Muets d'épouvante, les misérables laissent tomber leurs poignards, ils se jettent à genoux, et lèvent leurs mains suppliantes vers le saint sans proférer une parole. Puis ils implorent son pardon en le priant de leur laisser la vie sauve.

Voulant, à l'exemple de son divin Maître, rendre le bien pour le mal, Amand conjure le Seigneur d'avoir pitié de ses bourreaux, et, à sa prière, les éléments déchaînés s'apaisent et le calme reparaît aussitôt dans la nature, à la grande joie des assassins qui s'en retournent en glorifiant la puissance du serviteur de DIEU. Et c'est ainsi que le bon pasteur sauva la vie à ceux qui avaient voulu lui donner la mort.

Ce fut à la suite et sans doute au retour de cette mission, que notre bienheureux fonda un monastère près de Bourges, à l'endroit où se trouve la ville qui a pris son nom.

La ville de Saint-Amand, dans le département du Cher, lui doit donc également son origine.

Au XIIe siècle, en effet, on bâtit dans ce pays une église sous le vocable de saint Amand. De nombreuses habitations furent successivement construites autour de l'édifice, et, au commencement du XVe siècle, cette agglomération devint une ville (1).

---

1. L'église, construite au XIIe siècle, existe encore. C'est un édifice intéressant et remarquable au point de vue de l'architecture, malgré les nombreuses réparations qu'il a dû subir.

Après avoir réglé toutes choses pour consolider l'œuvre d'évangélisation qu'il venait d'entreprendre, le saint vieillard, épuisé de fatigue, traverse la Gaule et revient dans nos contrées. C'est dans son cher monastère d'Elnon qu'il va passer ses dernières années et terminer sa glorieuse carrière.

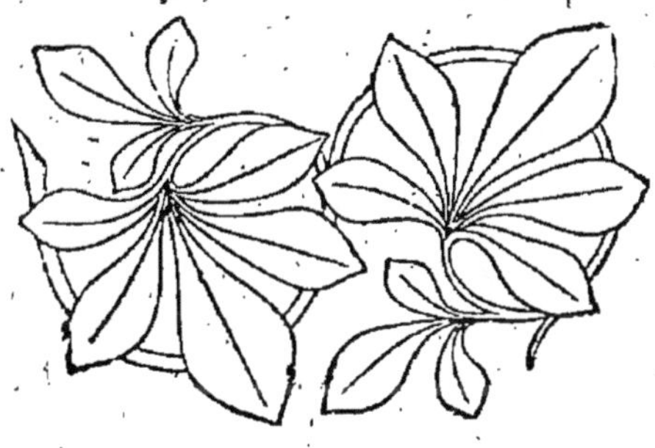

CHAPITRE VINGT-TROISIÈME.

Dernières années de saint Amand. — Il consacre son monastère d'Elnon et fait son testament (vers l'an 678).

SAINT Amand, retiré dans son monastère d'Elnon, n'en sortira plus ; l'âge et les travaux ont brisé les forces de l'infatigable missionnaire. Il approche du terme de cette longue et belle carrière tout entière consacrée à DIEU ; son apostolat est terminé, et, comme saint Paul, il peut dire en toute vérité : « J'ai combattu le bon » combat, j'ai consommé ma course, j'ai conservé » la foi ; aussi, j'attends avec confiance, du Sou- » verain Juge, la couronne de justice qui m'est » réservée (1). »

Mais, avant d'aller recevoir au Ciel cette couronne glorieuse due à ses travaux, le saint vieillard, âgé de près de quatre-vingt-dix ans, veut satisfaire le désir suprême de son cœur en faisant la consécration solennelle de son monas- tère d'Elnon, et en dictant à ses enfants ses der- nières volontés.

Par ses ordres, des messagers sont envoyés aux évêques, aux abbés et aux seigneurs de la contrée. La nouvelle se répand de toute part, aux

____

1. *Sancti Pauli ad Tim. II.*

alentours, et chacun se dispose à prendre part à cette magnifique solennité.

Le jour à jamais mémorable paraît enfin, le pays est dans l'allégresse, les cloches de tous les monastères et de toutes les églises se font entendre, et, des points les plus reculés, on voit affluer une foule innombrable qui se dirige vers l'abbaye d'Elnon.

Bientôt la cérémonie commence, et les assistants ravis voient défiler devant eux une splendide procession de grands personnages, de clercs, de religieux, de prêtres et d'évêques.

Le vénérable pontife Amand, qui semble en ce beau jour avoir retrouvé l'énergie du jeune âge, apparaît enfin, la figure rayonnante d'une joie toute céleste ; il est entouré comme d'une couronne d'abbés et d'évêques, parmi lesquels on distingue saint Réole de Reims, saint Mommelin de Tournay, saint Vindicien de Cambrai, saint Bertin, abbé de *Sithiu* (Saint-Omer), les abbés de Blandin et de Gand (1).

Après la consécration de l'église, Amand monte à l'autel et annonce une dernière fois en public la parole divine qu'il a si souvent fait entendre dans le cours de sa vie.

---

1. Plusieurs saints ont donc assisté à la consécration de l'abbaye de Saint-Amand. Quel touchant et glorieux souvenir pour nous !

Oh ! qu'il devait être touchant de contempler ce vénérable vieillard offrant solennellement le Saint Sacrifice, entouré de ses frères, revêtu des plus riches ornements, au milieu des splendeurs du culte, dans le temple étincelant de lumières, paré de fleurs et embaumé du parfum du plus pur encens ! Quelles douces larmes ne dut-on pas verser en écoutant comme les adieux suprêmes de ce grand apôtre arrivé au seuil de l'éternité.

La foule émue s'incline une dernière fois sous la main de son bien-aimé pontife, et reçoit en même temps la bénédiction des autres évêques présents ; puis, les cérémonies achevées, le peuple s'éloigne comme à regret de ce temple, emportant de cette grande solennité un pieux et inépuisable souvenir.

C'était l'usage, pour les évêques, en ces temps reculés, de profiter d'une occasion solennelle pour faire leur testament, et cet acte devait être signé par sept témoins choisis parmi les personnes les plus dignes et les plus vertueuses.

Saint Amand suivit cette coutume. Il réunit donc la vénérable assemblée d'évêques et de religieux qui l'entourait, pour faire à haute voix la lecture des lignes suivantes, écrites déjà, sous sa dictée, par le moine Baudemond, son disciple et son premier historien.

Qu'on lise ce touchant adieu du vieillard mettant ses cendres sous la garde de l'amour de ses frères, et vouant à l'exécration quiconque oserait s'opposer à l'exécution de sa suprême volonté (1).

« Au nom de Notre-Seigneur JÉSUS-CHRIST,
» moi, Amand, très misérable pécheur.

» Nous croyons que la divine miséricorde nous
» a gouverné partout et qu'elle nous veut sauver,
» parce qu'elle connaît et prévoit avant les siècles
» notre entrée en ce monde et notre sortie.
» Chacun sait combien nous avons parcouru de
» pays et de provinces fort éloignées pour l'amour
» de JÉSUS-CHRIST afin d'annoncer l'Evangile et
» d'administrer le Sacrement de Baptême. La
» miséricorde de DIEU nous a délivré de beaucoup
» de dangers et de périls et daigné nous conser-
» ver jusqu'à ce jour. Mais notre corps étant las
» et fatigué de tant de travaux et déjà presque
» à demi-mort par l'extrême vieillesse qui nous
» accable, nous espérons que nous sortirons
» bientôt de ce monde. Si DIEU, qui nous a
» conduit dans ce petit lieu d'Elnon où l'on nous
» a vu bâtir ce monastère, grâce aux dons et

---

1. Ces formules, dit M. Destombes, étaient en usage au temps de saint Amand. On tremble à cette pensée qu'elles se sont peut-être réalisées pour ceux qui ont osé profaner les saintes reliques de notre bienheureux.

Saint Amand dictant son testament.

(Gravure tirée des *Acta Sanctorum* ... tome I, Paris, 1701, reproduisant la miniature d'un manuscrit du onzième siècle, aujourd'hui conservé sous le numéro 460 à la Bibliothèque de Valenciennes et qui provient de l'abbaye de Saint Amand.)

» faveurs du roi, si Dieu veut que nous y mou-
» rions, je demande et j'ose conjurer devant
» Jésus-Christ, le Fils de Dieu, que personne,
» soit évêque, soit abbé, soit séculier, soit prince
» de ce monde, ne s'oppose à ce que mon corps
» soit inhumé avec ceux de nos frères, dans ce
» monastère d'Elnon, où déjà nous nous sommes
» recommandé de corps et d'âme à nos frères.
» Que si notre fin arrivait dans un voyage ou
» hors de ce lieu, que les frères ou l'abbé dudit
» monastère d'Elnon aient la faculté d'y ramener
» notre corps.

» S'il y avait quelqu'un qui voulût contredire
» et qui prétendît enlever par force mon corps
» de ce monastère, qu'il encoure d'abord l'offense
» de la Sainte Trinité, qu'il soit tenu comme
» excommunié dans toutes les églises catho-
» liques, qu'il soit rejeté du nombre des fidèles,
» qu'il encoure la damnation de Coré, de Dathan
» et d'Abiron, qui ont été engloutis vivants dans
» les enfers, qu'il soit anathème et perdu au
» jour de la venue de Jésus-Christ. Qu'ainsi,
» personne ne tente de changer notre volonté, et
» que celle-ci, qui est notre dernière, demeure à
» jamais stable. Et afin que vous en soyez bien
» assurés et que vous le croyiez plus fortement,
» je l'ai signée de ma propre main. Nous prions
» tous ceux qui craignent Dieu de signer avec

» nous ce testament, que j'ai fait écrire par notre
» frère Baudemond, prêtre.

» Fait à l'abbaye d'Elnon, la seconde année
» du règne de Thierry, notre seigneur et glorieux
» roi, le XVe des Calendes de mai.

» Moi, Amand, pécheur, j'ai approuvé et signé
» ce testament de ma dernière volonté.

» Au nom du CHRIST, Moi, Réole, pécheur, j'ai
souscris.

» » » Mommelin, évêque,
j'ai souscris.

» » » Vindicien, pécheur,
j'ai souscris à la
demande de mon
seigneur Amand.

» » » Bertin, abbé, j'ai
souscris.

» » » Aldebert, abbé, j'ai
souscris.

» » » Jean, prié par mon
seigneur Amand,
j'ai souscris.

» » » Baudemond, pécheur,
» par l'ordre de mon seigneur Amand, j'ai écrit
» et souscrit cette lettre de sa dernière volonté. »

Ayant ainsi satisfait aux désirs de son cœur,
Amand, libre désormais de tout ce qui l'attache
à la terre, n'aspire plus qu'au Ciel. Il se retire

dans sa cellule, revêtu de l'humble habit des moines, et, dans le recueillement et la prière, il attend l'heure de Dieu.

CHAPITRE VINGT-QUATRIÈME.

Mort de saint Amand. — Vision de sainte Aldegonde (an 684).

SAINT Amand est arrivé au terme de son pèlerinage. Brisé par l'âge et les infirmités, le corps usé par les fatigues de l'apostolat, il sent que DIEU va bientôt le rappeler à lui.

La pensée de la mort, qui est effrayante pour le pécheur parce qu'il se voit les mains vides au moment de se présenter au jugement, est pleine de charme au contraire pour le juste qui, par ses travaux, a amassé des trésors de mérite ; aussi, c'est le privilège des saints de voir arriver la mort avec calme, je dirai même avec joie.

Quel sujet de peine pourrait les attrister ? Détachés de la terre, ils n'ont pas de regret de la quitter ; ils savent d'ailleurs que la mort n'est qu'un passage à une vie meilleure durant laquelle ils jouiront d'un bonheur inaltérable.

Comme saint Paul, ils s'écrient : « *La mort est un gain, je soupire après elle pour vivre à jamais avec Dieu !* » Tels étaient certainement les sentiments du saint Evêque Amand sur le point de quitter le monde.

Nous serions heureux de connaître jusque dans les plus petits détails le récit des derniers moments de notre glorieux Père, d'entendre ses derniers avis, de recueillir ses dernières paroles ; malheureusement, les historiens sont muets sur ce point.

Ce que nous savons seulement, et ce trait nous donne une idée du tendre amour que le bienheureux avait pour l'Auguste Mère de DIEU, c'est qu'il voulut être transporté dans l'église pour recevoir les derniers sacrements et mourir au pied de l'autel de la Sainte Vierge.

Quel touchant spectacle ! Je me figure ce saint vieillard, étendu sur un misérable grabat, les pieds nus, le corps revêtu de l'humble habit de religieux dans lequel il cache le cilice de la pénitence. Malgré les souffrances qu'il endure, il est là, calme et souriant, dans l'attitude du recueillement et de la prière, entouré de ses enfants, ne pouvant contenir leurs sanglots à la pensée qu'ils vont bientôt se séparer de leur Père bien-aimé.

Tout à coup le son de la cloche a retenti, et bientôt un religieux paraît revêtu des ornements sacerdotaux, portant entre ses mains le DIEU tout-puissant caché dans le Sacrement d'amour. A cet aspect, le mourant se soulève sur sa couche, sa belle tête blanche paraît transfigurée, un sourire céleste s'épanouit sur sa figure, et ses yeux étincelants semblent apercevoir JÉSUS lui-même à travers les voiles de l'Hostie sainte ; après avoir manifesté ses sentiments de foi, d'humilité,

Mort de saint Amand.
Il meurt au pied de l'autel de la Sainte Vierge.
(Composition de M. Longbray de Saint-Amand.)

d'amour, de désir, il reçoit, le cœur pénétré d'une ardeur séraphique l'Hostie sainte qui va devenir pour lui le Viatique du Paradis.

L'huile sainte de l'Extrême-Onction coule ensuite sur son corps virginal, et son âme, purifiée des dernières souillures du péché, rayonnante de grâce et de beauté, peut se présenter sans crainte au tribunal du Souverain Juge.

Enfin l'heure suprême a sonné ; après avoir adressé des paroles d'adieu à ses frères, il lève avec effort sa main défaillante et les bénit une dernière fois ; puis un soupir se fait entendre, l'âme d'Amand se dégage sans efforts des liens de son corps mortel et paraît devant DIEU.

Je renonce à dépeindre la douleur des religieux témoins de cette triste scène. Mais pourtant, au milieu de leurs larmes, un sentiment plein de douceur et de consolation s'empare de leur cœur, car ils ont comme un pressentiment que leur Père bien-aimé jouit déjà dans le Ciel de la gloire et du bonheur des élus.

Ils soulèvent donc avec respect la dépouille mortelle d'Amand et la transportent dans le monastère; puis, après avoir lavé son corps, ils le revêtent de ses ornements pontificaux pour l'exposer pendant quelque temps encore à la vénération des fidèles.

Bientôt le glas funèbre se fait entendre, et la

foule accourt de toute part au monastère. Chacun veut contempler une dernière fois les traits chéris de l'apôtre et prier auprès du corps de celui que tous acclament déjà comme un saint.

À quelque temps de là, les moines ensevelissaient leur Père et l'inhumaient dans l'oratoire de saint Pierre pour qui saint Amand avait une si grande dévotion, et qui était, on le sait, le patron du monastère d'Elnon.

DIEU se plaît à glorifier ses saints. C'est ce qu'il fit d'une manière bien éclatante pour saint Amand aussitôt après son trépas.

À peine eut-il rendu le dernier soupir que la pieuse abbesse Aldegonde, dont nous avons raconté l'histoire, fut miraculeusement avertie, du fond de son monastère de Maubeuge, de la mort de son Père spirituel et de la gloire dont il jouissait dans le Ciel.

Voici le récit que le célèbre Hucbald, moine du monastère d'Elnon, rapporte de cette vision (1).

« Une nuit de dimanche, à l'instant où saint Amand, laissant sa dépouille mortelle, comme un froment mûr, qu'il allait être renfermé dans les aires célestes, quittait cette vie, à cette même heure, sainte Aldegonde était prosternée et veil-

» lant et priant, au pied de l'autel consacré à
» Marie, la glorieuse Mère de Notre-Seigneur,
» dans l'église du monastère de Maubeuge.
» Comme elle avait beaucoup aimé ce saint
» homme en cette vie, par qui elle était parvenue,
» par la grâce de notre Sauveur, au plus haut
» degré de la vertu, la bonté du Ciel lui révéla
» quelle était la récompense de celui dont elle
» avait écouté les leçons, et dans quelle voie elle
» allait suivre bientôt ce maître qui la précédait.

» Priant donc, elle fut transportée dans une
» extase de l'âme, et elle vit apparaître un vieil-
» lard en cheveux blancs, vénérable parmi les
» prêtres, couvert de vêtements magnifiques, te-
» nant un bâton à la main, et s'envolant vers les
» Cieux ; la vierge voyait avec joie une foule sans
» nombre suivre le même chemin, devant et der-
» rière lui, et elle-même s'élançait au milieu du
» cortège ; et comme on lui demandait quel était
» le chef d'une aussi glorieuse phalange et qu'elle
» répondait qu'elle ne le savait pas, un ange lui
» dit :

« Le pieux Amand est passé du monde au sein
» de DIEU, parce que, dans sa vie sans tache, il
» a su se conserver dans la grâce de DIEU ; qu'il
» a fidèlement employé les trésors qui lui étaient
» confiés et qu'il les a doublés. Avec les regrets
» des âmes qu'il a conquises au Seigneur par ses

» paroles et ses exemples, il monte tout glorieux
» dans la joie de son DIEU. »

La vision de sainte Aldegonde ne fut pas la
seule marque donnée par DIEU de la sainteté du
bienheureux pontife. Sur sa tombe à peine fer-
mée, se manifestèrent d'éclatants miracles qui
obligèrent bientôt l'Eglise à mettre au rang des
élus le grand serviteur de DIEU.

✶✶✶✶✶✶✶✶✶✶✶✶✶✶✶✶✶✶✶✶✶✶✶✶✶✶✶

CHAPITRE VINGT-CINQUIÈME.

Culte public rendu à saint Amand après sa mort. — Procession de ses reliques. — Miracles opérés en plusieurs circonstances.

C'EST le privilège des saints que leur vie se prolonge pour ainsi dire au-delà du tombeau : « Celui qui s'humilie sera exalté, » a dit le Maître. Cette parole se vérifie pour eux dès ici-bas, car DIEU, afin de les glorifier, permet que leur souvenir se transmette de génération en génération, et que des peuples entiers leur apportent sans cesse de nouveaux hommages.

C'est ce qui arriva pour saint Amand. DIEU voulut glorifier son serviteur aussitôt après sa mort. Son tombeau devint dès ce moment un lieu de pèlerinage où accouraient en foule les populations environnantes, et, au témoignage du célèbre moine Milon, il s'y opérait de nombreux miracles (1).

Le corps de saint Amand reposait dans une chapelle du couvent dédiée à saint Pierre. En présence de l'affluence toujours croissante des visiteurs, et pour que les religieux ne fussent pas plus longtemps gênés dans leurs pieux exercices, l'abbé Jean, deuxième successeur d'Amand dans le

____

1. Boll. VI Feb. *Vita sancti Amandi.* — *Sermo Milonis.*

gouvernement du monastère, résolut de bâtir, à proximité du couvent, une église plus spacieuse sous le vocable de saint Étienne.

Quand les travaux furent achevés, les religieux préparèrent une splendide cérémonie pour la consécration de l'église et la translation des saintes reliques de leur bienheureux Père.

Il y avait quinze ans que saint Amand était mort. Au jour fixé, devant la foule immense qui

Sceau de l'abbaye de Saint-Amand.

se pressait autour du monastère d'Elnon, une magnifique procession se met en marche au chant des hymnes et des cantiques, et s'avance vers le sanctuaire où repose le corps vénéré.

Arrivé près du tombeau, l'évêque de Tournay, qui présidait la cérémonie, s'arrête, et, pour vérifier l'identité de la dépouille mortelle, fait soulever aux yeux de tous le couvercle du cercueil.

Au même instant, un cri d'admiration et de joie

s'échappe de la bouche des témoins de cette scène étonnante.

Le corps d'Amand apparaît aussi intact que s'il venait de rendre le dernier soupir ; après un ensevelissement de quinze années, il est là, revêtu de ses ornements pontificaux, sans aucune trace de corruption, le visage calme et comme plongé dans un bienheureux sommeil.

On comprend les transports de joie qui éclatèrent en ce moment ; les assistants, émus jusqu'aux larmes, bénissaient DIEU et exaltaient le saint apôtre.

« Qui pourait dire, s'écrie le moine Milon (1),
» la vénération, la foi vive, l'amour qui remplis-
» saient en ce moment tous les cœurs ? — Certes,
» si quelqu'un avait pu être incrédule au récit
» des miracles que notre Père Amand avait
» opérés pendant sa vie, il aurait reconnu alors,
» sous l'impression d'une crainte religieuse, la
» vérité de ces anciens prodiges confirmés par
» des prodiges nouveaux. »

Quand la foule eut contemplé à loisir ce spectacle surnaturel, le corps saint fut levé et placé sur les épaules des religieux ; on le transporta solennellement dans la nouvelle église, et la cérémonie s'acheva au milieu des manifestations les plus touchantes de la foi et de la piété universelles.

---

1. Boll. VI Feb. *Sermo Milonis.*

Le corps de saint Amand reposa dans l'église de Saint-Étienne jusqu'à la destruction de ce temple lors de l'invasion des Normands en 882.

En présence de faits aussi éclatants, on s'explique que le culte de saint Amand ne tarda pas à être approuvé par l'Église. Ce qui le confirme, dit M. Destombes, c'est cette invocation : « Saint Amand, priez pour nous, » qu'on trouve dans un vieux sacramentaire (livre de prières liturgiques) d'Hildoard, évêque de Cambrai en 790. Cette invocation était inscrite dans les litanies que les prêtres récitaient au chevet des malades avant de donner l'Extrême-Onction.

Citons pour mémoire deux faits prodigieux arrivés à quelque temps de là, le premier vers l'an 800 et le deuxième vers 860, au tombeau de saint Amand (1).

Sous le gouvernement d'Arno, seizième abbé, voici ce qui se passa au monastère d'Elnon :

Un moine du couvent, nommé Lothaire, y remplissait les fonctions de gardien du trésor. Il avait sous sa surveillance non seulement les argenteries, les ornements, les vases sacrés et tous les

---

1. Le premier fait est raconté par M. de Courmaceul, d'après une ancienne chronique (le *Chronicon turronense*).

Le second a été raconté par Milon, d'après le récit de l'abbé Hildéric, témoin oculaire. (Voir à la fin du volume ce récit en vers français.)

autres objets de métal précieux, mais encore les reliques des saints renfermées dans l'abbaye. A la suite de pluies considérables, les fleuves débordèrent et les eaux envahirent tout le territoire, menaçant de pénétrer jusqu'au sein même de l'abbaye et dans la crypte où saint Amand était couché depuis cent cinquante ans.

Lothaire songe à sauver ces restes précieux. Il descend d'un pas recueilli dans le souterrain ; d'une main tremblante, il lève la pierre du sépulcre, et aussitôt, frappé de terreur, il tombe la face contre terre, saisi d'admiration et de respect. Saint Amand était là étendu devant ses yeux, dans le cercueil, toujours sans la moindre altération, toujours sans la moindre souillure, comme s'il venait d'expirer. Ses vêtements pontificaux étaient dans un parfait état de conservation ; il sembla même à Lothaire, saisi d'une religieuse épouvante, que les cheveux et les ongles du saint cadavre avaient poussé depuis qu'il avait été déposé dans son linceul. Lothaire, se confiant en Dieu, à qui il adresse une fervente prière, se relève plein de courage et se met pieusement en devoir de détacher quelques reliques du corps saint. Il coupe donc des mèches de cheveux, puis s'enhardit jusqu'à extraire de la bouche quelques dents. Aux efforts qu'il fait, des gouttes de sang jaillissent. A ce nouveau miracle, les moines qui entourent Lothaire se prosternent, et bientôt tous les religieux d'Elnon viennent vénérer ce corps intact du saint et ce sang miraculeux recueilli par Lothaire dans un vase d'ivoire.

Pendant trente-deux jours, le peuple entoure et touche ces restes sacrés, exposés sur le grand autel de l'église de Saint-Étienne. On les dépose enfin, au milieu des chants religieux, dans un tombeau de marbre blanc sur lequel on lisait ce verset des psaumes : « *Hæc requies mea in sæculum sæculi* » (c'est ici le lieu de mon repos jusqu'à la consommation des siècles), ainsi que des vers latins rappelant le fait que nous venons de raconter.

Un soir, après l'office, alors que les moines, sortis de l'église, regagnaient leurs cellules, le Frère portier, au moment de fermer les portes, aperçoit deux flambeaux allumés près de la châsse renfermant les reliques du saint évêque. Persuadé qu'il avait éteint tous les cierges de l'autel, il s'étonne, mais, croyant s'être abusé, revient sur ses pas et éteint les deux flambeaux. Arrivé à l'extrémité de l'église, quelle n'est pas sa surprise de voir encore les cierges rallumés !

Il retourne au tombeau et de nouveau les éteint avec soin. Enfin, après s'être assuré qu'il n'y avait personne dans le temple, il observe attentivement, et voilà qu'une troisième fois les flambeaux se rallument spontanément. Le pauvre Frère, éperdu, appelle alors tous les religieux, leur raconte ce qui vient de se passer, et leur fait constater le miracle.

C'est en mémoire de ce fait, qu'à partir de cette époque, dans l'abbaye, on laissa brûler jour et nuit un cierge au tombeau de saint Amand, et cette coutume s'est perpétuée jusqu'à la Révolution.

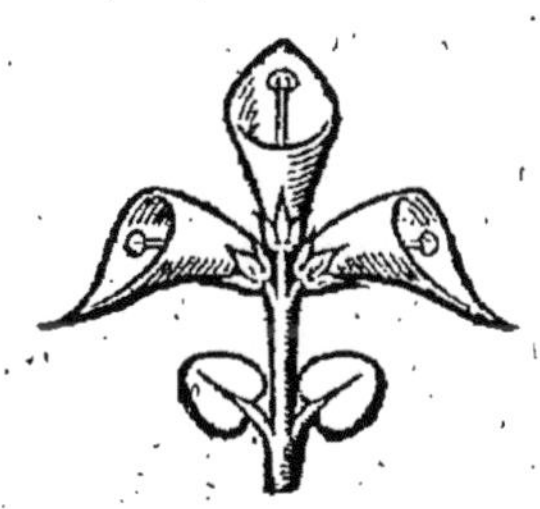

✝✝✝✝✝✝✝✝✝✝✝✝✝✝✝✝✝✝✝✝✝✝✝✝✝✝✝✝

CHAPITRE VINGT-SIXIÈME.

Invasion des Normands au IXᵉ siècle. —
Destruction de l'abbaye. — Les reliques de
saint Amand transportées à Paris. — Massacre des moines. — Origine de la procession de la Pentecôte.

ON désigne sous le nom de Normands des
pirates venus du Danemark, de la Suède
et de la Norwège, qui désolèrent la France et
l'Angleterre dans le cours du IXᵉ et du Xᵉ siècle.

Sous le règne de Charles le Gros, ils avaient
envahi la Flandre, et, vers l'an 880, ils s'abattirent
sur nos contrées en mettant tout à feu et à sang
sur leur passage.

Saint Amand et l'abbaye ne devaient point
être épargnés. Pour arrêter leurs ravages, le
célèbre Gozlin, vingt-cinquième abbé, qui gouvernait alors le monastère de Saint-Amand, prit
la résolution de tenir tête à l'ennemi (1).

Et qu'on ne s'étonne pas, dit à ce sujet M. de
Courmaceul, « de cette attitude martiale d'un
» homme revêtu du sacerdoce ; si, au temps
» d'Amand, le prêtre avait été l'ouvrier de la terre
» en friche, il était devenu, dans les dangers d'un
» autre âge, le soldat de la société. Le capuchon

---

1. Gozlin était en même temps abbé de Saint-Germain des
Prés et supérieur de plusieurs couvents; il devint évêque de Paris,
qu'il sauva de l'invasion normande en 885.

» couvre souvent le heaume. Le moine est
» l'homme de toutes les situations et de tous
» les périls ; au chevet des pestiférés, ou sous les
» remparts des villes assiégées, il fait à Dieu le
» sacrifice de sa vie pour le salut de ceux dont
» la tombe et le berceau lui sont confiés. »

Le moine-soldat leva donc une armée, et, avec
l'aide du comte Eudes et de Louis de Germanie,
ne craignit pas d'attaquer les hordes barbares.

Malheureusement, malgré une lutte héroïque,
l'armée chrétienne fut vaincue, et les Normands,
irrités qu'on eût osé leur résister, se jetèrent avec
furie sur la ville et le monastère.

Ce furent des scènes affreuses de dévastation
et de carnage ; les ennemis se ruent sur le monastère, franchissent les fossés, brisent les palissades,
enfoncent les portes du couvent.

Avertis du danger, les moines s'assemblent
aussitôt, et, incapables d'opposer la moindre résistance, ils décident qu'ils iront attendre la mort
dans l'église même, au pied de l'autel. Après avoir
imploré le pardon de leurs fautes et s'être donné
le baiser de paix, ils entrent dans le temple, prennent place dans les stalles, et, joyeux à la pensée
qu'ils vont conquérir la palme du martyre, ils
entonnent l'office avec calme et chantent un
hymne de triomphe qui devait être leur dernier
cantique.

Au même instant, la grille du sanctuaire vole

Massacre des moines par les Normands.

en éclats, et les barbares se précipitent comme un
torrent dans le lieu saint. Aveuglés par la rage, ils

se jettent lâchement, les armes à la main, sur les religieux sans défense et les égorgent sans pitié. Leur sang coule sur le marbre du sanctuaire, et tandis que les corps de ces courageux martyrs tombent sous le poignard des assassins, leurs âmes glorieuses s'envolent vers le Ciel (1).

Après cet horrible carnage, les barbares pillèrent toutes les richesses du monastère et le réduisirent en cendres, de sorte qu'il ne resta bientôt plus que des ruines de l'abbaye fondée par saint Amand.

Il fallut bien des années pour réparer ces désastres, mais enfin peu à peu de nouveaux bâtiments s'élevèrent, l'abbaye fut reconstruite, et les moines qui avaient échappé au massacre rentrèrent dans leur couvent.

Au milieu de cette terrible épreuve, une consolation suprême restait aux religieux, car ils possédaient encore le trésor qui, pour eux, était d'un prix inestimable, je veux dire le corps de leur Père.

A l'approche du péril, le premier soin de Gozlin avait été de mettre en sûreté cette précieuse

---

1. Plus tard on fit sculpter, sur de grandes plaques de marbre blanc, la scène que nous venons de raconter. Plusieurs de ces magnifiques bas-reliefs ont été sauvés de la Révolution, et il est bien regrettable qu'ils ne soient pas en notre possession. On peut les voir dans l'église de Saint-Pierre, à Douai, à l'autel du Calvaire, au côté droit du transept.

relique, et il l'avait fait transporter à Paris, dans le monastère de Saint-Germain des Prés, dont il était également abbé.

Après la tourmente, les moines qui devaient reconstituer la communauté d'Elnon rapportèrent le corps de saint Amand, et ce fut au milieu des transports de joie et de reconnaissance qu'on plaça ce précieux dépôt dans l'église nouvellement reconstruite.

C'est en mémoire du massacre des moines de Saint-Amand que fut établie la procession solennelle de la Pentecôte qui, chaque année encore, a lieu de nos jours dans notre ville et à laquelle tiennent tant les Amandinois. Par un privilège tout spécial on y porte le Très-Saint Sacrement.

Au XIᵉ siècle, il plut à DIEU de donner une manifestation évidente de la gloire dont jouissaient au Ciel les moines de l'abbaye massacrés par les Normands.

Dans la nouvelle construction de l'église, les moines avaient soigneusement conservé les dalles de pierre imprégnées du sang de leurs frères martyrs ; il arriva, à plusieurs reprises, que sur ces pierres, qui formaient le parvis du sanctuaire, on vit le sang suinter, se liquéfier et même entrer en ébullition.

Ce prodige s'étant plusieurs fois renouvelé, on

procéda à la canonisation des moines massacrés en haine de la foi, et, vers l'an 1130, Absalon, trente-neuvième abbé d'Elnon, obtint de faire l'office des religieux martyrs.

Pour honorer leur mémoire, chaque fois qu'on célébrait la messe conventuelle, les *cérofèraires* (1) allaient processionnellement baiser les pierres imprégnées du sang des saints religieux.

Au XVIIe siècle, l'illustre abbé Nicolas du Bois fit ériger dans l'abbaye une pierre tumulaire en mémoire des moines massacrés par les Normands. Voici la traduction de l'inscription de cette pierre, qui existe encore et que possède l'église de Saint-Amand :

« Lecteur, marche ici à pas mesurés, car tu » foules un sol pieusement humide, que je t'en- » gage à baiser avec vénération. Quand tu le » vois te porter, rappelle-toi qu'il fut sanctifié » par le sang et la sépulture d'un bon nombre » de religieux, qu'en haine de la foi et du culte, » l'iniquité des Normands égorgea sur la fin du » IXe siècle après la naissance du CHRIST.

» Après trois autres siècles, ces martyrs » obtinrent à juste titre, par l'ébullition prodi- » gieuse et réitérée de leur sang jadis répandu, » qu'on leur adressât par la ville d'annuelles

---

1. C'est-à-dire les clercs qui, dans les cérémonies liturgiques, portent des flambeaux.

» supplications aux fêtes de la Pentecôte, et que,
» chaque jour pendant la célébration de la messe
» conventuelle, les céroféraires allassent baiser
» leur tombe au nom de cette communauté.

» Ce fut Absalon, notre trente-neuvième abbé,
» qui institua ces honneurs, lesquels durent
» depuis son temps jusqu'au nôtre ; et ce fut
» Nicolas du Bois, constructeur de cette basilique
» de Saint-Amand, qui, en 1652, fit ériger ce
» monument (1). »

---

1. Voici comment nous avons la bonne fortune de posséder encore ce précieux souvenir historique. La pierre tumulaire en question gisait dans un jardin avoisinant la tour et appartenant à la famille Pilette. M. Davaine-Nicolle eut l'idée de demander qu'on voulût bien la céder à l'église. Il fit part de son projet à M. de Courmaceul, et ces Messieurs firent ensemble une démarche auprès des propriétaires du jardin, qui souscrivirent gracieusement à leur proposition. On transporta donc la pierre, qui, malheureusement, se brisa. Les fragments n'en furent pas moins remisés sous le clocher, et y restèrent jusqu'à la mort de M. le doyen Duriez, en 1884. Son successeur, M. le chanoine Carlier, actuellement vicaire-général de Cambrai, qui travailla avec tant de zèle à la restauration du culte de saint Amand et à l'embellissement de l'église, fit réunir les fragments de la pierre tumulaire et la fit sceller dans le mur de la cour de la sacristie, où elle se trouve encore aujourd'hui.

Une peinture de la voûte du transept de l'église représente le triomphe des religieux martyrs dans le Ciel. Malheureusement, il faut l'avouer, l'exécution du travail ne répond pas à la beauté de la conception.

CHAPITRE VINGT-SEPTIÈME.

Incendie de l'abbaye d'Elnon en 1066. — Procession des reliques de saint Amand. — Miracles accomplis en cette circonstance. — Nouvelle translation des saintes reliques. — La châsse de saint Amand.

IL nous reste à signaler un fait historique qui montre combien le culte de saint Amand était jadis en honneur, et qui doit nous engager encore aujourd'hui à recourir à la puissante intercession de notre glorieux patron.

Il était d'usage autrefois, dans les temps de calamité publique, de porter en procession les reliques des saints, et Dieu se plaisait à récompenser, par des grâces signalées, ces manifestations de la foi et de la piété des peuples.

Au mois de février de l'an 1066, sous le gouvernement de Fulcard, trente-quatrième abbé d'Elnon, un désastre épouvantable vint plonger dans le deuil la ville et l'abbaye.

Par suite de l'imprudence d'un bourgeois, un violent incendie se déclara dans la partie de la ville qui avoisinait le cloître. Le feu se propagea avec une rapidité effrayante, et bientôt, malgré les efforts tentés pour en arrêter les progrès, les flammes, après avoir dévoré un grand nombre de maisons, gagnèrent le monastère. Les bâtiments, le cloître et l'église devinrent aussitôt un immense brasier, assez intense, s'il faut en croire la chronique, pour fondre les cloches elles-mêmes : « On » les entendit, écrit le même Gilbert qui rapporte » cet événement, retentir une dernière fois dans » l'ébranlement et l'écroulement des édifices, » comme si, avant d'êtres réduites en cendres, » elles eussent voulu proclamer la profonde dou- » leur de tout ce qui les environnait ! »

Ce triste événement jeta la consternation dans tous les cœurs ; mais il fallait songer à relever la ville et l'abbaye de leurs ruines.

L'abbé Fulcard ne perdit pas courage, et, après avoir pris conseil de l'évêque, il résolut de mettre à exécution un projet qui devait l'aider à réparer ce désastre. Il rassemble ses religieux, campés au milieu des débris à peine éteints du monastère, et, chargeant sur leurs épaules les reliques de saint Amand heureusement sauvées des flammes, il organise une procession grandiose à laquelle prennent part comme à l'envi toutes les populations.

Ce fut une véritable marche triomphale, et saint Amand, du haut du Ciel, se plut à récompenser magnifiquement l'empressement et la piété de tous ceux qui prirent part à cette grande manifestation religieuse.

Les populations se succédaient sur le passage

du corps saint et formaient comme un cortège continu autour de la châsse.

On parcourut ainsi l'évêché de Cambrai, celui de Noyon, une partie de la Belgique, du Hainaut et de l'Artois. Partout, sur le passage du cortège, les miracles se multiplient : à Cambrai, c'est un fou furieux qui recouvre subitement la raison ; plus loin, c'est un muet de naissance auquel est rendu l'usage de la parole.

Près de Laon, une femme, infirme depuis dix ans et qui ne peut sortir de sa demeure, demande le motif du bruit et des chants qu'elle vient d'entendre. On lui dit que c'est l'arrivée des reliques de saint Amand. Elle supplie alors qu'on la transporte sur le passage de la procession, et, se sentant subitement guérie, elle vient se jeter à genoux devant la châsse du saint, en proclamant ses bienfaits.

Dans le trajet, une femme, aveugle depuis sept ans, recouvre la vue. A Chauny, une mère éplorée vient présenter aux religieux son enfant aveugle en les suppliant de lui faire toucher la sainte relique. Sa foi est récompensée, car, à l'instant même, elle a la joie de voir son enfant ouvrir les yeux et la regarder pour la première fois en souriant.

Peu après on apporte à grand'peine un homme complètement paralysé, qui, aux yeux de la foule enthousiasmée, se lève aussitôt et marche.

« J'ai passé sous silence, dit le narrateur, beau-
» coup de faits semblables arrivés en d'autres
» villes et bourgades, l'immense multitude de
» spectateurs ne m'ayant pas toujours permis
» d'être témoin oculaire. Je me borne à rap-
» porter ici ceux que j'ai vus de mes propres
» yeux. »

Au retour de cette procession, qui avait duré quatre semaines, l'abbé Fulcard, grâce aux dons recueillis de toutes parts, put, à la grande joie de tout le monde, reconstruire l'église et le monastère et relever une partie de la ville de ses ruines.

Les reliques du saint fondateur furent replacées avec honneur dans le nouveau temple, et continuèrent à être l'objet de la vénération des religieux et des fidèles.

Une fois encore pourtant, dans la suite des âges, on les sortit de l'église pour les mettre à l'abri du pillage. Ce fut en 1571. Saint-Amand était à cette époque le théâtre des guerres du Hainaut et des incursions des protestants briseurs d'images ; les religieux crurent prudent de transporter leur pieux trésor à Douai. Eux-mêmes, en 1578, durent abandonner leur monastère dévasté pour chercher asile dans les maisons de refuge de Valenciennes et de Tournay. — Ce ne fut qu'en 1586, lorsque les hostilités eurent cessé, qu'ils revinrent chez eux et y ramenèrent le corps de leur bien-aimé Père.

Quelques années plus tard, en 1604, Jean Carton, soixante-treizième abbé d'Elnon, voulant relever encore le culte de saint Amand, fit fabriquer une châsse de vermeil, délicatement ciselée et garnie de pierreries, pour enfermer le corps du vénéré fondateur de l'abbaye.

C'est cette châsse, dit M. Desilve, qui existait encore à la Révolution, et qui a malheureusement disparu à cette époque. La translation des reliques de saint Amand fut l'occasion d'une fête splendide, présidée par l'évêque de Tournay, Michel d'Esne, et à laquelle assistèrent les abbés de Marchiennes, d'Hasnon et de Maroilles, et les prieurs de Saint-Martin de Tournay et de Vicoigne. Nous trouvons le récit de cette solennité dans un sermon du célèbre littérateur Herman de Hertaing, qui vivait à cette époque et qui a été l'une des gloires de l'abbaye de Saint-Amand (1).

A cette cérémonie assistait un jeune novice dont la renommée devait éclipser un jour celle de ses prédécesseurs, le fameux Nicolas du Bois. Dom Nicolas du Bois fut abbé du monastère

---

1. Voir la savante notice de M. l'abbé Desilve : *Herman de Hertaing*, chez Legru-Raviart, éditeur à Saint-Amand.

Portrait de l'abbé du Bois.
(D'après une gravure du temps, de la collection de M. Olivier
de Saint-Amand.)

de 1621 à 1673. C'est lui, comme on le sait, qui a reconstruit l'abbaye et édifié cette splendide basilique qui était, sans exagération, l'une de nos plus belles églises.

Il n'entre pas dans notre plan de faire le récit

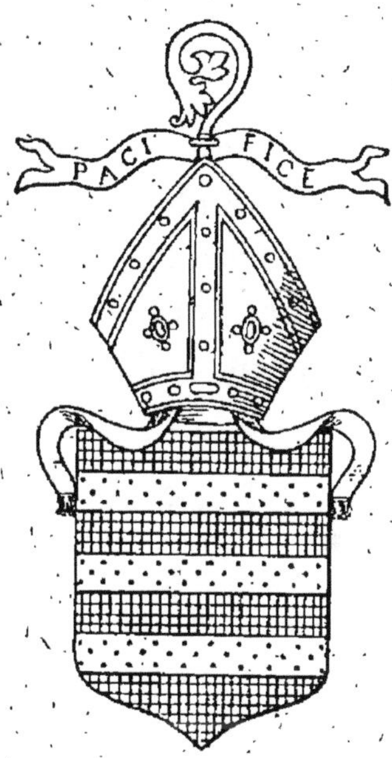

Armes de l'abbé du Bois (1).

de la vie et des œuvres de l'illustre abbé. Si nous parlons de l'église de l'abbaye, c'est seulement au point de vue du culte rendu à saint Amand avant la Révolution.

D'après les traditions locales encore vivantes dans les souvenirs des personnes âgées, qui

---

1. D'or à trois fasces de sable ; devise : *Pacifice.*

tenaient ces renseignements de leurs parents, la belle châsse en vermeil renfermant les reliques du glorieux fondateur était placée dans le chœur de l'église, sur le côté de l'autel principal, et elle avait comme pendant une autre châsse renfermant le corps de saint Cyr, enfant martyr sous Dioclétien.

C'est, hélas ! le dernier souvenir qui reste de la dépouille mortelle du héros de cette histoire qu'on avait eu le bonheur de conserver pendant plus de dix siècles, mais qui, par un mystère impénétrable, a disparu à l'époque sanglante de la Révolution.

CHAPITRE VINGT-HUITIÈME.

La Révolution.
Exil des moines. — Destruction de l'abbaye.

Nous sommes arrivés aux jours néfastes de la Révolution, et nous allons assister aux tristes événements qui amenèrent la ruine de l'abbaye fondée par saint Amand.

Bien des gens se figurent que la Révolution n'a été que le renversement de la monarchie et l'établissement du régime politique sous lequel nous vivons aujourd'hui. C'est une erreur profonde. Ce ne sont là que les mobiles secondaires de la Révolution.

En réalité et dans son essence, la Révolution n'a été qu'une des formes de la lutte, aussi ancienne que le christianisme, de l'impiété contre l'Eglise catholique, et le but de l'œuvre révolutionnaire a été la déchristianisation de la France.

« La destruction du catholicisme en France
» par la constitution civile du clergé et par la
» persécution violente dans la suite, dit Mgr
» Freppel (1), n'a cessé d'être le principal objectif
» des chefs de la Révolution... C'est le règne
» social de Jésus-Christ qu'il s'agit de détruire
» et d'effacer jusqu'au moindre vestige. — Par la

1. Mgr Freppel, *La Révolution française*, à propos du centenaire de 1789.

» logique de son principe, la Révolution, c'est
» donc l'État sans DIEU, la famille sans DIEU, le
» mariage sans DIEU, l'école sans DIEU, le pré-
» toire sans DIEU, l'armée sans DIEU, c'est-à-
» dire l'idée même de DIEU bannie de toutes les
» lois et de toutes les institutions. »

Ceux qui cherchent à excuser les crimes de la
Révolution, objectent les abus de *l'ancien régime*.

Sans doute il y avait à cette époque, comme
il y en a eu et comme il y en aura dans tous les
temps, des abus à réprimer et des réformes à
introduire ; mais on pouvait arriver à ce résultat
par des mesures sages et prudentes, amenées
progressivement, selon les besoins et les intérêts
du pays ; et, sous prétexte de réparer ou de consolider l'édifice social, il ne fallait pas le détruire
de fond en comble.

C'était d'ailleurs la pensée qui inspirait cette
grande assemblée, vraiment nationale, appelée
les États-Généraux, car les États-Généraux réclamaient des réformes utiles et sages, comme le
témoignent assez clairement les vœux formulés
et consignés dans leurs cahiers.

Mais ce n'était pas ce que voulait cette secte
révolutionnaire, faction antinationale (1) qui ne

---

1. La Convention, dit un grand historien — rationaliste pourtant — mais qui a le mérite d'être impartial, « la Convention, qui
» s'est livrée à tous les excès, ne fut nommée qu'à une impercep-

parvint au pouvoir que par la surprise et la violence, et qui ne s'y maintint que par la terreur.

Aussi, nous le répétons, le but de la Révolution a été avant tout de déchristianiser la France pour y substituer le règne de « la Nature » ou de la « déesse Raison. »

La Révolution a été une doctrine avant d'être un fait. Ce sont les théories impies des philosophes du XVIIIᵉ siècle qui l'ont fait éclore (1) ; ce sont les loges maçonniques (2) qui en ont élaboré les plans ; ce sont les hommes de 93 qui les ont mis à exécution.

Voilà ce qui explique pourquoi la persécution ne fut pas seulement dirigée contre les partisans de l'ancien régime, mais encore et surtout contre l'Église. Voilà la vraie raison de toutes les mesures odieuses prises contre elle : vol sacrilège des biens ecclésiastiques, abolition des Ordres religieux, serment schismatique exigé des prêtres, puis décrets d'exil, de déportation ou de mort ;

» tible minorité. Sur sept millions d'électeurs inscrits, il y eut » six millions trois mille abstentions. » Taine, *La Révolution*, t. IV, p. 370.

1. C'est ce qui faisait dire aux hommes de la Révolution : « Voltaire n'a pas vu tout ce que nous faisons, mais il a fait tout » ce que nous voyons. »

2. Voir l'abbé Dehaye, *Histoire de l'Abbaye d'Hasnon*, p. 420 et suivantes.

enfin, anéantissement de la religion catholique dans notre pays.

Pour en revenir à la question qui nous occupe, il n'est pas étonnant que la vieille abbaye fondée par saint Amand n'ait pas survécu à un pareil désastre ; aussi devons-nous dater de la Révolution la fin de cette glorieuse et bienfaisante institution qui avait traversé onze siècles.

Avait-on cependant quelque grief sérieux à reprocher aux moines de l'abbaye ? Aucun.

Fidèles à leur vocation, ils continuaient à mener à cette époque leur vie de retraite, de prière et d'étude. Comme dans les siècles passés, ils faisaient le bonheur et l'édification de leurs concitoyens. Et ceux-ci étaient fiers de posséder au milieu d'eux cette illustre abbaye qui faisait la gloire et la richesse de la ville de Saint-Amand.

Mais la sentence était portée : elle devait s'exécuter.

Dans un livre paru en 1889, un auteur, inspiré par une haine de parti-pris contre l'Église (1), a pris à tâche de flétrir la réputation des derniers disciples de saint Amand.

Pour lui, les moines de l'abbaye étaient des

----

1. M. Pélé : *Saint-Amand aux derniers jours de la monarchie et pendant la Révolution.*

êtres abominables et dignes de tout mépris, qu'il rend responsables de toutes sortes de crimes.

Notre ouvrage ne comporte pas la réfutation de ces pages pleines de fiel et d'injustice (1) ; ce serait faire l'histoire d'une époque, et nous avons entrepris seulement de raconter la vie du bienheureux fondateur de la ville et de l'abbaye ; mais c'est pour nous un devoir de conscience de protester contre des accusations calomnieuses qui ne résistent pas à la simple réflexion.

Dans cet ouvrage, on insinue d'une façon perfide — sans oser l'affirmer, tant l'accusation est dénuée de fondement — que les moines de l'abbaye étaient des hommes perdus de mœurs.

C'est une méchanceté qui ne repose *sur aucun fait*, et en réalité la plus parfaite régularité régnait dans le monastère au moment de la Révolution.

On compare encore l'abbaye de Saint-Amand à une *Bastille*, dans laquelle avaient gémi quantité de pauvres prisonniers, victimes de la barbarie des moines. Ce n'est pas sérieux. S'il y a encore de nos jours — au moins en aussi grand nombre — des juges, des tribunaux et des prisons, pour punir les malfaiteurs et les brigands,

---

2. Cette réfutation a été entreprise en partie par M. l'abbé Dehez. — Voir les derniers chapitres de son *Histoire de l'Abbaye d'Hasnon.*

peut-on faire un reproche aux moines qu'il y en ait eu aussi de leurs temps ?

On accuse les moines d'avoir été traîtres à la patrie en livrant notre pays aux armées étrangères et en restant en paix à l'abbaye pendant l'invasion. C'est une allégation absolument injuste.

Est-ce que l'ennemi a attendu l'ordre des moines pour envahir la France et occuper, non pas seulement Saint-Amand, mais Lille, Douai, Valenciennes, Condé, Orchies, Marchiennes, et toute la région du Nord ? — D'autre part, peut-on faire un crime aux moines d'avoir occupé leur abbaye, c'est-à-dire leur maison, leur propriété, pendant le séjour des alliés ? (1)

---

1. Le mot *patriotisme* est un des termes dont on dénature trop facilement le sens, et le sophisme, en cette matière, vient de ce que telle faction politique prétend identifier *la Patrie* avec *le parti* qu'elle représente. Si, de nos jours, les *anarchistes* arrivaient au pouvoir, oserait-on taxer d'antipatriotisme les citoyens fidèles qui refuseraient de reconnaître leur autorité, et leur ferait-on un crime d'accueillir ceux qui viendraient délivrer le pays de leur tyrannie, fussent-ils étrangers ? — C'était le cas en 1792. — Alors, *à cette époque du moins*, tous les citoyens ennemis du désordre et fidèles au *pouvoir légitime*, pouvaient croire, et croyaient en effet, que les alliés « ne se proposaient — comme ils l'affirmaient — que le bonheur de la France, sans prétendre s'enrichir par des conquêtes. » — En rentrant *chez eux* à la faveur de l'occupation étrangère, les moines n'ont donc fait que se mettre à l'abri des injustices et des violences exercées contre eux par ceux que M. Taine lui-même appelle « une poignée de sectaires jacobins,

D'après ce même livre toujours, on ne peut pas pardonner aux moines les richesses qu'ils possédaient.

Mais, en faisant la part de l'exagération, s'ils avaient des biens, ils les avaient légitimement acquis. De plus, comme religieux, ils n'en profitaient pas pour eux-mêmes, et en réalité ces biens passaient en bonnes œuvres et contribuaient à la prospérité de la ville (1).

Enfin on accuse les moines de l'abbaye d'avoir été les ennemis de l'instruction, et on leur reproche de n'avoir pas ouvert à Saint-Amand une seule école — du moins une seule école de garçons ; — or, qui ne sait que les Bénédictins, et ceux de Saint-Amand en particulier,

---

» terroristes qui tyrannisaient la France, violant cyniquement la » volonté nationale proclamée par les cahiers de 1789. »

1. On pourra blâmer l'abbé du Bois d'avoir fait de grandes dépenses pour la construction de son abbaye, mais cette œuvre gigantesque faisait la réputation de Saint-Amand, y attirait les étrangers et était une source de travail pour l'ouvrier. — On s'élève encore contre les moines à propos de soixante mille livres de rentes qu'ils servaient au cardinal, duc d'York, dernier abbé titulaire de Saint-Amand ; mais c'était bien malgré eux que les moines supportaient cette lourde obligation qui les appauvrissait. Ce prélat avait été nommé par Louis XV abbé commendataire, c'est-à-dire qu'il possédait l'abbaye à titre de rente. Il n'exerçait d'ailleurs aucune fonction dans le monastère, qu'il *ne visita pas une seule fois.* C'était un abus, sans doute ; mais les moines n'en étaient aucunement responsables.

ont toujours été renommés pour la culture des lettres ?

S'il fallait s'en tenir à l'accusation portée plus haut, il faudrait en conclure qu'aucun homme ne savait lire et écrire à Saint-Amand avant la Révolution (1). Évidemment il y avait à Saint-Amand des maîtres d'école alors comme aujourd'hui ; ils étaient moins nombreux sans doute, puisque la population était moins considérable et que l'instruction publique était moins développée à cette époque ; mais il existait des écoles, et les moines n'avaient pas à en établir (2). Ai-je

1. En feuilletant les anciens registres des baptêmes, mariages et sépultures conservés à la paroisse, nous voyons un nombre de signatures en proportion au moins aussi grande que de nos jours. — Consulter à ce sujet une étude de M. Desilve sur l'abbé du Bois.

2. On pourrait bien plus justement rétorquer l'argument et faire observer que, pendant dix ans, la Révolution n'a rien fait pour cette grande cause de l'instruction.

En l'an VIII (1800), le Ministère de l'Intérieur dit en propres termes dans son rapport officiel : « Les écoles primaires, ont presque partout désertes, etc... » — (Archives nationales, f° 173,001.) Un an après, Portalis disait devant le Corps Législatif : « L'instruction est nulle depuis dix ans ! » — (Exposé des motifs du Concordat devant le Corps Législatif.)

A ceux, d'ailleurs, qui se figurent que, pour la France, la civilisation a commencé en 1789, nous conseillons de lire les lignes suivantes écrites par Mgr Freppel dans l'ouvrage cité plus haut.

« Après les recherches faites depuis vingt ans, à l'aide de documents précis, et qui sont encore loin d'être complètes, il n'est

besoin d'ajouter que, jusqu'à la veille de la Révolution, les collèges des Jésuites à Valenciennes, Douai, Lille, etc., étaient en pleine prospérité ?

Honneur donc aux moines de l'abbaye, et gloire aux derniers fils de saint Amand ! Comme leurs prédécesseurs, ces dignes religieux ont passé au milieu de nous en faisant le bien, et leur mémoire doit être en bénédiction dans le cœur de tous les Amandinois.

Après cette digression, que nous avons crue nécessaire pour rendre hommage à la vérité et venger l'honneur des religieux de Saint-Amand,

» plus permis qu'à des ignorants ou à des déclamateurs sans
» conscience de prétendre, qu'avant 1789, l'instruction était né-
» gligée en France. Pour l'enseignement primaire, un budget de
» vingt millions de livres, — c'est le chiffre de Condorcet —
» budget que nous n'avons guère dépassé de nos jours. (Il ajoute
» en note : Inutile de dire que la dépense était supportée non
» point par l'Etat, mais par les congrégations, les fabriques et
» les fondations particulières.) Pour l'enseignement secondaire,
» 562 collèges, comptant 72.747 élèves, dont 40.000 environ rece-
» vaient l'instruction soit entièrement, soit partiellement gra-
» tuite. (Rapport de M. Villemain en 1843 sur la situation de
» l'enseignement secondaire.) — Pour l'enseignement supérieur
» et spécial, outre les 21 universités du royaume et le collège de
» France, 50 académies, 72 écoles spéciales ou professionnelles
» de dessin, d'hydrographie, de mathématiques, d'art militaire,
» d'artillerie, de marine, des mines, des ponts et chaussées:
» voilà le bilan fort incomplet des établissements d'instruction
» en France au début de la Révolution. »

il nous reste à rappeler sommairement les événements qui amenèrent la ruine de l'abbaye.

Sur la fin de 1789, on le sait, l'Assemblée Constituante, au mépris des droits les plus sacrés, déclara les biens du clergé propriété nationale. En 1790, elle ordonna de procéder à l'inventaire des biens ecclésiastiques ; puis elle proclama l'abolition des Ordres religieux, et enfin exigea des prêtres le serment de fidélité à la Constitution civile du clergé (1).

En présence de ces mesures odieuses, les moines, n'étant plus en sûreté, ne pouvaient plus résider dans leur monastère. Dès le commencement de l'année 1791, ils quittèrent donc l'abbaye. Les uns s'en allèrent chercher un abri dans les maisons de refuge de Valenciennes ou d'Hasnon; les autres s'expatrièrent et gagnèrent la Belgique ou la Hollande.

Peu de temps après, lors de l'invasion des Autrichiens et des Prussiens dans le Nord, Saint-Amand devint le théâtre de la guerre. Tour à tour prise et reprise, la ville enfin tomba au pouvoir des alliés, qui l'occupèrent durant l'espace de onze mois (août 1793 à juillet 1794).

L'ordre matériel étant momentanément rétabli,

---

1. Tous les religieux, comme aussi le curé de la paroisse, M. l'abbé Vandeville, eurent le courage de refuser le serment schismatique.

Portrait de dom Henri Donné, dernier prieur de
l'abbaye de Saint-Amand. (D'après un tableau appartenant à M. Davaine-Nicolle de Saint-Amand.)

les moines, en partie du moins, rentrèrent dans leur monastère ; mais quand l'ennemi fut définitivement chassé du territoire, ils furent contraints de fuir devant la persécution et quittèrent la France (1).

C'est donc en 1794 que finit l'existence de l'abbaye de Saint-Amand.

En 1797, les batiments de l'abbaye existaient encore, mais délabrés et dévastés. On avait mutilé les emblèmes religieux, brisé ou brûlé les statues des saints, et beaucoup d'objets précieux avaient été livrés au pillage. En 1795, un arrêté du Comité du Salut public avait ordonné de livrer les archives de l'abbaye à la Commission des poudres, et « un grand nombre de papiers, de registres et de livres précieux avaient été pillés ou livrés aux flammes dans la cour du cloître (2). »

Un dernier acte de vandalisme restait à accomplir : c'était la destruction de la magnifique abbaye elle-même ; le gouvernement ne recula pas devant ce forfait, malgré, il faut le dire à l'honneur des Amandinois, malgré les protestations et les

1. Après la tourmente révolutionnaire, plusieurs moines revinrent dans le pays. Dom Emilien habita Saint-Amand et y exerça le ministère paroissial jusqu'à sa mort. Dom Charles fut nommé curé de Château-l'Abbaye. — Un troisième mourut, en 1824, curé d'Hasnon, un autre à Romeries.

2. Leglay. Notice sur les Archives du Département du Nord, citée par M. de Courmaceul.

réclamations de la municipalité de Saint-Amand. L'ordre fut donné de mettre en vente les bâtiments, dont l'adjudication eut lieu à la fin de 1797, et l'œuvre impie commença.

Portrait de Mathieu Dumoulin.
(D'après un tableau de l'Hôtel-de-Ville de Saint-Amand.)

« Quoique l'annonce de l'adjudication comprît
» l'église de l'abbaye et tout son contenu, la tour
» fut épargnée. La démolition allait lentement ;
» la solidité de la maçonnerie opposait un obsta-

» cle aux efforts de la pioche, et plus d'une fois
» la mine dut être employée. *Pierre Mathieu
» Dumoulin*, Président du district, profita de ces
» lenteurs pour obtenir que la tour fût réservée
» pour l'utilité publique. Les pavillons d'entrée
» furent aussi épargnés pour servir de maison
» commune (2). » Aujourd'hui ce sont les deux
seuls débris qui nous restent de ce gigantesque
édifice, et ces deux monuments font encore le
plus bel ornement de la cité.

2. Mathieu Dumoulin, né à Saint-Amand en 1765, après une longue et brillante carrière administrative, fut nommé conseiller à la Cour de Douai, où il est mort en 1847. La municipalité de Saint-Amand, reconnaissante, a voulu, pour honorer sa mémoire, donner son nom à l'une des plus belles rues de la ville. — L'Hôtel-de-Ville et la tour ont été tout récemment restaurés avec soin. Il est regrettable qu'on ait sacrifié l'architecture intérieure de l'Hôtel-de-Ville pour l'aménagement des bureaux.

****

CHAPITRE VINGT-NEUVIÈME.

Disparition des reliques de saint Amand. —
Don d'une parcelle des reliques du Saint à
l'église paroissiale, en 1866. — Cérémonie
religieuse à cette occasion. — Épilogue.

UNE question reste à examiner (1). Que sont
devenues les reliques de saint Amand (2) ?
On croit qu'en 1793, au jour de l'envahissement
et du sac de l'abbaye par les bandis révolution-
naires, elles furent brûlées avec d'autres reliques
sur la grand'place de la ville. Cette croyance, ou
plutôt cette supposition, qui ne repose sur aucun
témoignage positif, ne laisse pas que d'être diffi-
cilement admissible. Elle fait peser, en effet, sur
les religieux de l'abbaye, une grave accusation
d'incurie, de négligence à l'endroit de ce qui était
leur plus précieux trésor ; négligence inconceva-
ble, inexplicable, quand on songe au culte plein
d'amour et de vénération dont ils entouraient
les reliques de leur bien-aimé Père. Pourquoi
n'auraient-ils pas essayé de soustraire au danger

---

1. Nous transcrivons ici le récit de M. l'abbé Vaillant, de
Saint-Amand, qui a eu l'obligeance de nous communiquer cette
relation.

2. Nous aimons mieux penser que si les reliques de saint
Amand ont été malheureusement détruites, ce fut plutôt en 1794,
au moment où les moines furent définitivement chassés.

qui les menaçait des reliques si vénérées ? C'est d'ailleurs ce que firent alors des centaines d'églises et de monastères pour celles de leurs bienheureux fondateurs. Déjà, dans les siècles passés, à l'époque des invasions des Normands au neuvième siècle, et des Gueux au seizième, les reliques de saint Amand avaient été mises en un lieu sûr, à l'abri de la rage des impies. N'est-il pas vraisemblable de croire, qu'en 1793, les religieux n'ont pas manqué à ce devoir de leur piété filiale ? Cette opinion s'impose presque, quand on considère qu'ils ont eu tout le temps de voir venir le danger : ce n'est pas à l'improviste, en effet, mais après que les esprits y eurent été longtemps excités, après des votes de la Convention, que la fureur révolutionnaire s'est déchaînée sur ces saintes maisons de prière.

— Toujours est-il que, si les reliques de saint Amand furent sauvées, on ignore et on a toujours ignoré en quel endroit elles furent cachées. Moins heureuse que beaucoup d'autres villes qui, après la tourmente révolutionnaire, ont vu reparaître les reliques de leurs fondateurs, la ville de Saint-Amand en est restée privée. Aussi le culte du saint, autrefois si populaire, était-il tombé dans un complet oubli.

C'était le rêve du vénérable M. Joffrain, qui fut pendant 31 ans doyen de notre paroisse, de faire cesser un tel état de choses. Il aurait donné tout au monde pour posséder ne fût-ce qu'une parcelle des reliques du patron et fondateur de la cité. A cette fin, il s'entoura de nombreux renseignements, multiplia les démarches et les recherches, mais toujours sans succès. Une grande consolation lui était réservée pour les derniers temps de sa vie. A cette époque, sur la fin de 1865, le curé de Flers, près de Douai, dont l'église est sous le vocable de saint Amand, eut l'intention de placer dans un reliquaire plus riche une relique assez remarquable de ce saint donnée autrefois à son église par les religieux de l'abbaye (c'était un os de l'avant-bras). D'après les règles liturgiques, un tel changement ne peut s'opérer que par les soins de l'autorité épiscopale, à qui appartient la reconnaissance de l'authenticité des reliques. C'est pourquoi ce bon curé dut se rendre à l'archevéché. Là, on connaissait depuis longtemps le désir de M. le doyen de Saint-Amand. Aussi trouva-t-on qu'il était de toute convenance et de toute justice de partager cette relique en deux et d'en remettre la moitié à la paroisse d'où elle était venue autrefois.

M. Joffrain, au comble de la joie, voulut que la translation s'en fît avec la plus grande solennité possible. De leur côté, le maire de la ville et le conseil municipal s'honorèrent, en cette circonstance, en se prêtant avec empressement aux inten-tions du vénéré pasteur. La cérémonie fut fixée au dimanche 11 février 1866. Dès la veille, les reliques avaient été déposées à l'Hôtel-de-Ville sur un autel provisoire. Le lendemain, la ville se réveilla au son du bourdon et du carillon, reten-tissant comme aux jours de grande solennité. C'en était une en effet d'un caractère particuliè-rement joyeux et tout à l'honneur des habitants de Saint-Amand. Un peu avant la Grand'Messe, le clergé, accompagné d'une foule nombreuse, vint chercher processionnellement la relique pour la transporter à l'église paroissiale. Placée sous un dais remarquable de bon goût et d'élégance, portée par quatre prêtres originaires de Saint-Amand escortés des membres du Conseil de fabrique, la sainte relique s'avançait au milieu d'une population heureuse de témoigner son affec-tion et sa reconnaissance au fondateur de la ville, au bienfaiteur de toute la contrée, et comprenant qu'il y avait dans cette démonstration éclatante un acte touchant et magnifique de réparation pour l'ingratitude commise par ses ancêtres en un jour d'égarement. Quand on fut arrivé à l'église, la sainte relique fut exposée sur le trône de lumière qui lui avait été préparé et la Sainte Messe commença. A l'Évangile, M. l'abbé Car-lier, alors simple professeur à l'Institution Notre-

Dame des Anges, maintenant Vicaire-Général du diocèse de Cambrai, et qui devait plus tard devenir lui-même doyen de Saint-Amand, prononça le panégyrique du saint avec le feu et l'éloquence qu'on lui connaît.

Pendant la journée, les reliques si heureusement retrouvées furent données à vénérer à toute la population. Depuis lors, sans doute, le culte de saint Amand n'a pas retrouvé son ancien éclat, mais pourtant son souvenir est toujours vivant parmi nous. Hélas ! la foi catholique, en ces temps malheureux, est battue en brèche de tous côtés. Daigne le bienheureux saint Amand, l'apôtre de notre pays, la conserver vivante et agissante dans les cœurs de ses concitoyens ! C'est là le vœu le plus ardent de notre cœur.

En terminant ces pages écrites dans l'intention de faire honorer saint Amand et d'attirer sur ses enfants sa puissante protection, qu'il nous soit permis de transcrire ici la belle prière de Milon. Ce célèbre moine, après avoir raconté la vie de son bien-aimé Père, lui adressait cette pieuse invocation : « Ô Dieu bon, créateur et rédempteur des hommes, mon œuvre est finie ; je l'offre à votre gloire et à celle de votre illustre Pontife : qu'elle soit agréable à vos yeux, je vous en prie. Et vous, ô Amand ! mon Père, mon Protecteur, mon Docteur, le nourricier et l'ami de mon âme, quand le Juge Souverain montera sur son trône pour juger tous les habitants de la terre, ayez pitié de celui qui a célébré vos vertus. Mettez à votre droite, dans le troupeau des élus, votre Milon ; il ne demande qu'une petite place dans le bercail sacré. C'est bien peu que ce chant offert à votre gloire, mon très doux Père ; mais considérez surtout mon amour pour vous, mon zèle à répéter vos louanges, et obtenez pour nous le pardon de nos fautes et votre société dans les Cieux. Adieu, mon très saint Père Amand, la gloire du monde et notre gloire ; bienfaisant pasteur, adieu : chaque jour encore, nous viendrons devant votre tombeau répéter ce salut filial. Vous, très doux Père, daignez y répondre en nous accordant bonne vie et heureuse mort. »

✸✸✸✸✸✸✸✸✸✸✸✸✸✸✸✸✸✸✸✸✸✸✸✸✸✸✸✸✸

CHAPITRE SUPPLÉMENTAIRE.

Courte notice sur l'abbaye de Saint-Amand
au moment de la Révolution, et sur l'église
paroissiale actuelle.

§ I. — L'Abbaye.

L'ABBAYE primitive, bâtie par saint Amand
lui-même, dura jusqu'au IXe siècle. Elle
fut alors détruite de fond en comble par suite de
l'invasion des Normands en 880. — Les abbés
Gozlin et Robert travaillèrent à sa reconstruction,
et Leudéric, vingt-huitième abbé d'Elnon, avec
l'aide d'Arnould le Grand, comte de Flandre,
releva le monastère de ses ruines en 944.

Plus tard, comme nous l'avons vu, un violent
incendie vint de nouveau ravager l'abbaye, et, en
1066, elle fut une deuxième fois reconstruite par
Fulcard, trente-quatrième abbé d'Elnon.

Enfin, en 1632, Nicolas du Bois entreprit son
grand travail de réédification de l'église, du
monastère et des bâtiments qui existaient encore
à la Révolution. — Disons d'abord, à la gloire de
l'illustre abbé, que lui seul a été l'architecte de
cette œuvre colossale. On peut dire qu'il y consacra toute sa vie, car son achèvement nécessita
plus de trente années de laborieux travaux.

Jetons un coup d'œil d'ensemble sur l'œuvre
de Nicolas du Bois; nous pourrons ainsi nous faire

une idée de ce qu'était l'abbaye de Saint-Amand
en 1789.

Les bâtiments seuls s'étendaient sur une sur-

Entrée principale de l'abbaye de Saint-Amand.
(Hôtel-de-Ville actuel.)

face de plus de trois hectares, formant un carré
presque régulier, terminé aux quatre angles par
la *grande Tour* actuelle, la *tour du Pigeonnier*,
la *tour aux Agaches* et la *tour Sainte-Aldegonde*.

Au milieu de cet immense quadrilatère, se trouvait un autre rectangle de deux mille mètres carrés de surface, communiquant avec le premier par un corps de logis et aboutissant, par l'autre extrémité, au transept de l'église.

Les murs de l'abbaye étaient baignés, à l'est, par les eaux de la Scarpe ; de larges étangs entouraient tous les autres côtés. On ne pénétrait dans l'abbaye qu'après avoir traversé un pont-levis ; l'Hôtel-de-Ville actuel était l'entrée principale du monastère. A droite et à gauche, en entrant, se trouvaient des escaliers qui menaient à la chambre échevinale établie dans les pavillons octogones.

« Les deux salles octogones des pavillons, à
» coupole élégante, supportée par des colonnettes
» engagées, sont d'un aspect à la fois simple et
» majestueux ; elles laissent une idée grandiose
» des parties du cloître qui ont été détruites.
» L'une d'elles a été décorée, en 1781, de boi-
» series d'un goût équivoque, servant d'enca-
» drement à des tableaux qui portent la signature
» de Louis Watteau (1). »

En arrière et de chaque côté de cet édifice,

---

1. Voir, pour plus de détails, M. de Courmaceul et M. Desailly, *L'Abbaye de Saint-Amand*, auxquels nous empruntons ces renseignements. Voir aussi la récente brochure de M. Croix, professeur au Collège communal.

formant l'entrée principale, s'étendaient deux
áiles de bâtiments aboutissant vers le sud à
l'église, vers le nord à la tour des Agaches. C'était
en quelque sorte le quartier de l'Intendance avec
les magasins de provisions.

Au nord, à partir de la tour des Agaches, un
bâtiment, d'environ 160 mètres de long, allait
rejoindre la tour du Pigeonnier, dont on voit encore
des ruines; c'était le *quartier des hôtes*, le logement
des domestiques et les écuries.

En retour, à l'est, de la tour du Pigeonnier à la
tour Sainte-Aldegonde, on rencontrait les greniers aux fourrages, les remises, la boulangerie, la
brasserie, etc. Au sud enfin, l'église et ses dépen-
dances complétaient le carré.

Le quadrilatère central formait le monastère
proprement dit. Là se trouvaient le cloître, le
Chapitre, les dortoirs, le réfectoire, la bibliothèque,
la chambre abbatiale, l'infirmerie et les appar-
tements du Prieur, qui n'ont pas été entièrement
détruits.

Mais, dominant ces imposantes constructions,
s'élevaient la grande basilique et la belle tour qui
a été heureusement épargnée.

L'église avait 125 mètres de longueur ; elle
était coupée par deux transepts dont l'un mesu-
rait environ 83 mètres et l'autre 60. La largeur
des nefs était de 28 mètres environ. Le plan

de la construction était vraiment étonnant. Que l'on s'imagine, en quelque sorte, trois temples superposés. D'abord la crypte ou église souterraine, puis l'église proprement dite destinée aux fidèles, enfin l'église supérieure, élevée pour ainsi dire entre le ciel et la terre en forme d'élégantes galeries.

Pour monter à ce troisième sanctuaire, où se réunissaient les religieux et qui avait accès dans l'intérieur du couvent, on avait construit, derrière le maître-autel, au fond du chœur, un magnifique escalier de marbre blanc (1). C'est cet escalier qui était orné des bas-reliefs dont nous avons parlé, et qu'on peut voir encore à l'église Saint-Pierre à Douai,

Comme le dit M. de Courmaceul, l'église de l'abbaye représentait ce style de transition s'inspirant des diverses écoles latine, byzantine, romane et ogivale qui avaient précédé la Renaissance. Nicolas du Bois avait adopté un plan d'ensemble gothique, mais il avait substitué le plein cintre à l'ogive dans la construction des voûtes et des fenêtres.

---

1. Le maître-autel avait été primitivement placé au haut de l'escalier, comme l'indique ce passage de dom Floride Gosse, dans une brochure écrite par lui, en 1766, sur « *Les Eaux de Saint-Amand* » : — « Le grand autel ne se voit plus au haut de » l'escalier mais dans le fond du chœur. On y montait de la nef » par quarante-trois degrés bien comptés. »

Saint-Amand.

Les trois nefs de la basilique étaient séparées par de nombreuses colonnes à chapiteaux corinthiens, supportant des voûtes à nervures et à clés pendantes. Ces colonnes faisaient le tour du chœur, derrière lequel se prolongeait la chapelle de l'abside. Comme on peut en juger d'après la gravure, l'intérieur présentait l'aspect le plus imposant.

La tour qui nous reste peut d'ailleurs nous donner une idée de la splendeur de l'édifice ; sa hauteur est de 81 mètres. Il serait difficile de définir le genre d'architecture auquel elle appartient, car tous les styles y sont réunis, mais, malgré ce défaut d'unité, c'est un monument très remarquable, et, de l'avis des archéologues, il n'existe pas en France, en Allemagne et en Italie, de monument de cette époque qui lui soit comparable.

La tour contenait autrefois une belle sonnerie composée de quatre cloches. *Amanda* seule a été conservée. Elle renferme encore l'horloge de l'abbé du Bois. Le carillon actuel, qui fait la joie des habitants de Saint-Amand, fut placé en 1785.

Quant à l'ornementation intérieure de l'église, il ne nous reste, par suite de sa destruction complète, que fort peu de données. Les richesses artistiques ne devaient point manquer, car, dans

le cours des siècles, les abbés se plaisaient à enrichir tour à tour leur église des objets les plus
précieux.

Mentionnons d'abord la belle châsse en vermeil
renfermant le corps de saint Amand, puis une
table d'or recouvrant l'autel de saint Étienne et
une croix d'or contenant les reliques du même
saint ; une table d'argent recouvrant l'autel de
saint Cyr et la châsse de ce martyr ; le grand
crucifix et les chandeliers de cuivre du maître-
autel et six anges du même métal, du poids de
cent livres chacun.

Vraisemblablement tous ces objets et bien
d'autres furent confisqués et fondus à la Monnaie
en 1792, conformément aux ordres du gouvernement.

« L'église de l'abbaye était encore ornée de
» nombreux mausolées d'abbés et de person-
» nages célèbres. L'autel principal était surmonté
» d'un beau triptyque peint par Rubens et
» représentant le *Martyre de saint Étienne ;*
» d'autres tableaux du même maître, parmi les-
» quels nous citerons *saint Étienne en prière* (1).
» Une toile splendide de Van Dyck, la *Décol-*

---

1. Ces deux chefs-d'œuvre, heureusement sauvés de la
Révolution, sont conservés au musée de Valenciennes. On y
voit aussi le tableau de Van Dyck, mais cette toile vient-elle de
l'abbaye de Saint-Amand ? Nous n'osons l'affirmer.

» *lation de saint Jacques.* Des Crayer, des Jor-
» daens, des pages sorties des meilleurs pinceaux
» de l'école flamande, illustraient la nef et le
» chœur. »

On se fait une idée de l'admiration qu'on devait
éprouver à l'aspect de ces magnificences.

« Cette abbaye et l'église particulièrement,
» écrivait, le 16 mai 1670, l'historiographe du roi,
» Pélisson, à Melle de Scudéri, est bien l'édifice
» le plus beau, le plus surprenant que j'aie vu de
» ma vie. Je ne sais à quoi le comparer ; nous
» n'avons rien qui en approche… Enfin, de ma
» vie, je n'ai été si surpris ni si touché de rien
» de cette nature… J'eus un déplaisir extrême
» de ne pas voir l'abbé, car c'est son ouvrage,
» et il faut que ce soit un homme extraordinaire
» pour avoir eu, n'étant que particulier, des vues
» d'un roi ou d'un empereur… Il a entrepris et
» presque achevé ce bâtiment, qu'il a fait avec
» une très grande économie, parce qu'il a presque
» tous les matériaux au voisinage et une partie
» dans son fonds, mais qui, avec tout cela, doit
» coûter des millions, ce me semble. Il en est
» lui-même le seul architecte et le seul direc-
» teur… L'ouvrage subsiste par sa propre gran-
» deur et remplit d'admiration tous ceux qui le
» voient, de sorte que les personnes même intel-
» ligentes passent par-dessus les défauts sans les

» remarquer, tant l'esprit est rempli et ébloui de
» cet objet. »

Nous ne pouvons plus, hélas! admirer ces mer-
veilles, mais leur souvenir du moins mérite d'être
conservé, et l'on aime à faire revivre, par l'imagination, un passé si plein de gloire.

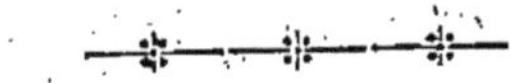

§ II. — Église paroissiale de Saint-Amand.

EN dehors de l'église de l'abbaye, il y a toujours eu à Saint-Amand une église paroissiale pour assurer le service religieux aux habitants de la ville.

Aussitôt après la mort du bienheureux fondateur de l'abbaye, en effet, l'abbé André, qui lui
succéda dans le gouvernement du monastère,
voyant la population d'Elnon s'accroître de jour
en jour, résolut de construire, à quelque distance
de l'abbaye, un temple qu'il dédia à saint Martin
et dont il fit bientôt la consécration solennelle (1).

« L'antique église de Saint-Martin, bâtie sur
» le point le plus élevé de la ville, occupait, avec
» le cimetière qui l'entourait, un espace de qua-
» rante et un ares cinquante-huit centiares.

» A la fin du siècle dernier, l'édifice menaçait

1. C'est pour cette raison que l'église paroissiale de Saint-
Amand est placée sous le vocable de saint Martin.

» ruine; aussi l'accès en était-il interdit par des
» barrières, et les paroissiens, privés d'église,
» allaient entendre la messe aux abbayes. Cet
» état de choses ne pouvair durer indéfiniment.
» Le clocher s'étant affaissé sur lui-même, la
» construction de l'église actuelle fut commencée
» en 1785.

» Pour subvenir aux frais, qui s'élevaient,
» d'après l'adjudication, à 290.000 francs, on ven-
» dit pour 99 ans les biens de la paroisse; la
» ville de son côté entra dans les dépenses.
» L'abbaye, selon son habitude, se montra gé-
» néreuse, en abandonnant pendant plusieurs
» années les dîmes de la paroisse.

» Ces constructions étaient à peine achevées
» qu'elles furent mises en vente par le district de
» Valenciennes. Le sieur Barbieux, l'un des entre-
» preneurs, soumissionna l'église pour 10 000 frs
» qui lui étaient dus, et il en devint propriétaire.

» Pendant la tourmente révolutionnaire, l'église
» servit de hangar, mais lorsque le culte eut été
» rétabli officiellement, on remit à l'entrepreneur
» ce dont on lui était redevable, et l'édifice fut
» rendu à la religion (1). »

L'église paroissiale n'a rien de remarquable.
Son frontispice et ses vastes proportions lui
donnent pourtant un aspect assez grandiose.

---

1. B. Desailly, *Statistique générale.*

Église paroissiale de aint-Amand.

Elle a plus de 80 mètres de longueur et 26 mètres de largeur. C'est une construction régulière en style grec de la Renaissance.

L'intérieur a été récemment décoré par les soins de M. le doyen Carlier; on y voit dans le chœur de grandes peintures, genre fresque, représentant différentes scènes de la vie de saint Amand.

Si nous nous plaçons au point de vue historique, voici quelques détails qui pourront intéresser le lecteur:

L'autel de la Vierge provient de l'abbaye de Saint-Amand. Il était placé au fond de l'abside, c'est-à-dire dans la chapelle située dans le chœur de l'église abbatiale, dans laquelle les moines psalmodiaient ordinairement les offices. Les stalles du chœur proviennent également de cette chapelle.

On sait que l'abbé du Bois, pour procurer une éducation gratuite aux jeunes filles de la paroisse, établit, en face de son abbaye, un monastère de *Bénédictines de Notre-Dame de la Paix;* or l'autel des trépassés est celui qui se trouvait dans la chapelle de ces religieuses.

Enfin nous possédons encore, comme souvenirs de l'abbaye, le charmant petit calvaire d'albâtre placé vis-à-vis de la chaire, un buste de Vierge en marbre, un confessionnal en vieux chêne sculpté, placé dans l'église de la Croisette, un calice en vermeil, un ornement en velours rouge, et quelques toiles qui ne sont pas sans valeur artistique.

Je ne parle pas de la relique même de saint Amand; c'est le souvenir le plus précieux qui nous reste. Qu'elle soit plus que jamais l'objet de notre vénération en attendant qu'un jour, peut-être, Dieu nous donne la consolation de retrouver le reste des ossements de notre bien-aimé Père !

L. J. C.

Note sur le Culte rendu a Saint Amand de nos jours dans le Midi de la France.

La Fontaine de Saint-Amand dans les Landes. — La Croix de Saint-Amand dans les Bouches-du-Rhône.

SANS doute les traditions du passé rappellent encore aux habitants de nos contrées le souvenir de saint Amand, puisque, dans le diocèse de Cambrai en particulier, plus de vingt paroisses le reconnaissent et l'honorent comme patron, et pourtant nulle part le culte de ce saint n'est plus populaire que dans les Landes (1).

Ce fait, qui étonne tout d'abord, s'explique par l'existence, dans ce pays, d'un pèlerinage très ancien et très fréquenté à la « Fontaine de Saint-Amand. »

Voici, à ce sujet, quelques documents intéressants dus à l'obligeance de M. l'abbé Mouton, vicaire-général d'Aire.

Saint Amand, nous l'avons vu, a été l'apôtre des Gascons.

---

1. Nous ne parlons ici que de la France. En Belgique, saint Amand est très en honneur dans les Églises de Liège, de Gand et surtout de Tournay. Dans ce dernier diocèse, qui tint l'abbaye d'Elnon sous sa dépendance pendant de longs siècles, son souvenir est encore vivant. Plusieurs villages portent son nom et il est le patron de vingt-sept paroisses.

La tradition rapporte que, voulant récompenser les habitants d'une contrée qu'il évangélisait et qui l'avaient reçu avec grand respect, il fit jaillir miraculeusement une source aux environs de la ville d'Aire. On l'appela depuis « la Fontaine ou le Puits de Saint-Amand », et, de temps immémorial, son eau salutaire a la vertu de guérir les maladies de la peau.

D'après une autre version, cette fontaine existait au temps du saint, et l'évêque-missionnaire y administrait le baptême aux nouveaux convertis. Quoi qu'il en soit, c'est à *Bascons*, paroisse du diocèse d'Aire, qu'elle se trouve. Elle est encore de nos jours l'occasion d'un pèlerinage très fréquenté en l'honneur de saint Amand (1).

Voici ce qu'écrit à ce sujet le curé même de cette paroisse : « Vous avez pu parfois rencontrer, sur votre route, de pauvres gens rongés par une espèce de lèpre, affligés de la teigne ou couverts de scrofules, de dartres, eczémas ou autres maladies de la peau. Donnez à ces infirmités le nom que vous voudrez, mais, pour le vulgaire, c'est *le mal de saint-Amand* ou *le mal de Bascons*.

Or, il n'y a presque pas de jours où l'église de la paroisse ne reçoive la visite de quelques-uns de ces déshérités de la santé, et, de temps immé-

____

1. On remarque dans l'église de Bascons un tableau représentant saint Amand baptisant sur la margelle du puits.

morial, les Landais se portent en foule à la *Fontaine de Saint-Amand* pour y trouver la guérison des maladies de la peau, si fréquentes parmi ces populations.

Les jours de plus grand concours sont ceux de la fête du saint et des solennités de la Pentecôte et de l'Assomption. Ces jours-là, on voit affluer à Bascons des pèlerins venant des Landes, de la Gironde, du Gers, des Pyrénées, etc.

La foi des fidèles est fréquemment récompensée par des guérisons extraordinaires. Citons comme exemple le trait suivant :

« Il y a peu de temps, une femme de la Grande
» Lande se faisait transporter à Bascons. Ce n'é-
» tait pas une figure humaine, c'était une masse
» informe, un monstre. Son aspect était repous-
» sant, et malgré soi on détournait la tête, dans
» l'impossibilité où l'on était de soutenir cette
» vue. Cette pauvre malheureuse frappa en vain à
» la porte de la plupart des maisons du bourg ;
» nul n'osa s'aventurer à lui donner l'hospitalité.
» Elle allait se trouver sans asile lorsqu'une per-
» sonne charitable mit à sa disposition un petit
» réduit où elle pût passer la nuit. Environ trois
» mois après, elle revint en actions de grâces à
» Bascons, mais absolument transfigurée, et par-
» faitement guérie. L'étonnement fut général. On
» ne voulait pas croire que c'était elle, et l'hôte

» qui l'avait reçue ne pouvait en croire ses
» yeux. »

Signalons encore un fait d'un autre genre, mais
non moins curieux : « Une femme de l'endroit,
» qui ne jouissait pas d'une excellente réputation,
» avait résolu d'en finir avec la vie. Pour mettre
» son projet à exécution, elle ne trouve rien de
» mieux que d'aller se jeter au puits de Saint-
» Amand. Vous croyez peut-être qu'on en retira
» un cadavre ? point du tout. Le premier qui
» passa par là, apercevant une paire de sabots,
» eut la curiosité de regarder au puits. Une femme
» se débattait, plongeait, revenait sur l'eau, re-
» plongeait pour surnager encore. Il appelle au
» secours, et on procède au sauvetage de la pau-
» vre folle, qui en est quitte pour un simple bain
» froid.

» Saint Amand ne voulut pas que cette source
» de vie devînt, même pour une fois, une cause de
» mort. »

Le cérémonial adopté par les pèlerins qui
viennent *servir* saint Amand est des plus simples.
Ils se présentent à l'église, demandent le plus
souvent une messe et reçoivent les Évangiles. Ils
se rendent ensuite au puits de St-Amand, à 100
mètres environ de l'église, et emportent de l'eau,
comme aussi de l'huile bénite le jour de la fête

du saint. Les malades frictionnent leurs plaies de cette huile après les avoir lavées avec l'eau du puits, jusqu'à ce qu'ils éprouvent du soulagement. Il n'est pas rare, ajoute le narrateur, de voir chaque année les mêmes malades revenir à Bascons, ou pour remercier DIEU d'une grâce obtenue, ou pour continuer leurs dévotions.

Le crédit dont saint Amand jouit auprès de DIEU n'est pas évidemment limité aux confins d'une province. Aussi, comme conclusion de ce qu'on vient de lire, sommes-nous en droit de mettre en lui notre confiance, nous surtout qui sommes son peuple de prédilection. Dans nos nécessités temporelles et spirituelles, recourons donc à sa puissante intercession, et notre foi sera sûrement récompensée.

Dans les *Bouches-du-Rhône*, et dans le pays du *Sénas* en particulier, saint Amand est encore aujourd'hui en grande vénération, car l'intrépide missionnaire a contribué pour une large part à étendre le règne de JÉSUS-CHRIST dans cette contrée.

Voici à ce sujet quelques détails dus à l'obligeance d'un de nos confrères (1).

Au VIIe siècle, il s'éleva, entre divers monastères établis sur les rives de la Durance, des con-

---

1. M. l'abbé Sausset, vicaire de Sénas.

testations qui exigèrent l'intervention du pape Martin Ier, et saint Amand, qui se trouvait à cette époque à Rome, reçut du Souverain-Pontife la mission d'apaiser le différend, ce qu'il s'empressa de faire à la satisfaction générale.

La tradition rapporte qu'il aurait séjourné assez longtemps chez les religieux de Sénas, et que son séjour aurait été marqué par des prodiges de toutes sortes.

Depuis cette époque, son souvenir était toujours resté vivace, et ses vertus l'ayant élevé sur les autels, il fut choisi naturellement pour le patron et le titulaire de l'église de Sénas quand cette église fut érigée en paroisse l'an 1200.

Parmi les souvenirs les plus saillants à la louange de notre saint, nous devons citer la peste de 1720.

Ce fléau faisait à cette époque les plus grands ravages dans toute la contrée. Pour en obtenir la cessation, le peuple se rendit en foule à l'église, s'empara de la statue vénérée de saint Amand, et la porta processionnellement jusqu'aux dernières limites des pays contaminés (*Chemin de la Cran*).

Cet acte de foi fut récompensé, car la peste cessa.

En reconnaissance de la grâce obtenue, on érigea au dit endroit une colonne en granit, sur=

montée d'une croix qui existe encore, et qu'on appelle vulgairement dans le pays la *Croix de saint Amand.*

Pour perpétuer la mémoire d'un tel bienfait, chaque année, le peuple en foule se rend en procession jusqu'à ce monument, le second jour des Rogations. On voit, par ces quelques détails, que, dans ces régions, le culte de notre saint est loin d'être tombé dans l'oubli.

NEUVAINE A SAINT AMAND.

COURTES MÉDITATIONS,
sur les commandements de Dieu.

Premier Jour.

Considérations sur le premier commandement de Dieu : DE LA PRIÈRE.

LE premier commandement nous ordonne de *croire* en DIEU, *d'espérer* en lui, de *l'aimer* de tout notre cœur, de *l'adorer*, de n'adorer que lui seul. Ce précepte contient donc l'exercice de quatre vertus nécessaires au salut.

La *Foi*, par laquelle nous soumettons notre esprit et notre volonté à tout ce que JÉSUS-CHRIST, le DIEU fait homme, nous a révélé, et qu'il nous enseigne par son Église.

L'*Espérance*, qui nous fait attendre avec confiance les biens que DIEU nous a promis, c'est-à-dire le Paradis et les grâces pour y arriver.

La *Charité*, qui nous fait aimer DIEU par-dessus toutes choses et notre prochain comme nous-mêmes pour l'amour de DIEU.

La *Religion*, qui nous porte à rendre à DIEU le culte qui lui est dû.

La *Prière* est l'acte par excellence qui exprime tour à tour notre foi, notre espérance, notre charité, notre religion envers DIEU.

La prière est donc le premier de tous nos devoirs, l'acte essentiel de la religion ; aussi Dieu nous en fait-il une obligation absolue : « *Il faut prier*, a dit Notre-Seigneur, et ne *jamais cesser de prier*. » La prière est aussi nécessaire à la vie de l'âme que la respiration est nécessaire à la vie du corps.

Il faut prier pour faire son salut, et voilà pourquoi un docteur de l'Église, saint Alphonse de Liguori, a pu dire : « Celui qui prie se sauve, celui qui ne prie pas se damne. »

Aussi longtemps qu'un homme n'a pas abandonné la prière, on peut espérer pour son salut ; mais, dès qu'il a délaissé ce devoir, il a, par cela même, laissé échapper la dernière planche de salut qui pouvait le conduire au port, et, à moins d'une grâce extraordinaire, il est voué à la damnation éternelle.

Quel sérieux sujet de réflexion !

Comme il est triste après cela de rencontrer tant d'hommes qui ne prient plus, de voir des enfants déjà avancés en âge et qui ne connaissent pas encore leurs prières ! Quelle terrible responsabilité pour les parents qui négligent de leur faire remplir ce grand devoir, et leur donnent eux-mêmes l'exemple d'une indifférence coupable !

PRATIQUE : Soyons fidèles à la prière du matin et du soir ; faisons souvent des actes de foi, d'espérance et de charité. Prions pour ceux qui ne prient pas.

Saint Amand, modèle de prière.

POURQUOI saint Amand s'est-il élevé à une si haute perfection ? pourquoi a-t-il fait de si grandes choses ? C'est que, comme tous les saints, il a été, avant tout, un homme de prière. Nous avons vu que, durant quinze années, il se soumit à la réclusion avant de se mettre à l'œuvre et de commencer le cours de ses missions. Que fit-il pendant ce long espace de temps ? Il se livra aux exercices de la prière et de la pénitence. Son premier soin, après avoir annoncé l'Évangile aux peuples païens, était de fonder des monastères dans les pays qu'il parcourait. Pourquoi cela ? sinon pour établir des maisons de prière, afin d'assurer le succès de ses œuvres et d'attirer sur les nouvelles chrétientés les grâces du Ciel.

3 Pater, 3 Ave, 3 Gloria Patri.

Prière à saint Amand (1).

AMAND, Pontife bien-aimé, vous méritez ce beau nom, car votre amour pour JÉSUS vous rend digne d'être appelé Amand, aimé de DIEU. Écoutez les pieux accents de vos enfants chéris, qui, confiants dans votre intercession, s'adressent à vous le cœur palpitant de joie.

Au jour de votre vie mortelle, infatigable mission-

---

1. Cette prière est la paraphrase d'une hymne de l'Office qu'on chantait à l'abbaye de Saint-Amand.

naire, vous avez illuminé le monde en portant l'Évangile à tant de peuples barbares, que vous avez réjouis et nourris de la parole sainte ! Et maintenant, en récompense de votre zèle, votre gloire surpasse en éclat l'astre qui brille au firmament !

Que de bienfaits n'avez-vous pas semés sous vos pas !

Vous fûtes ici-bas le bon pasteur de votre troupeau ; l'affligé trouvait en vous un consolateur, le malheureux un frère compatissant, l'orphelin un père dévoué, le malade une tendre mère. Vous étiez l'œil vigilant de l'aveugle, le soutien du pauvre infirme ; vous avez même rendu la vie au misérable qui expirait ses crimes sur le gibet. Quiconque s'approchait de vous trouvait la force et le salut.

Et maintenant, illustre apôtre, votre pouvoir est-il amoindri ? Oh ! non, car vous régnez au séjour du bonheur dans le sein d'Abraham. Nourri de la chair de JÉSUS-CHRIST, abreuvé de son sang, vous chantez, en compagnie des anges, l'éternel *Hosanna*, et j'aperçois sur votre front radieux l'auréole des élus.

O grand saint, souvenez-vous de vos enfants sur cette terre d'exil ; daignez surtout jeter les yeux sur nous, votre peuple privilégié. Nous voici à vos pieds, venez à notre secours, priez pour nous, afin qu'au jour où JÉSUS, le Roi des Cieux, viendra nous juger, nous obtenions miséricorde, et que nous ayons le bon heur d'être à jamais réunis à vous pour l'éternité. Ainsi soit-il.

ORAISON DE L'ÉGLISE.

O DIEU qui avez fait du bienheureux pontife Amand un admirable prédicateur de votre parole, et par son ministère avez réuni à votre Église un grand nombre de peuples, accordez, nous vous en supplions, que, par votre secours, nous sachions mettre en pratique ce qu'il a prêché par ses paroles et par ses œuvres. Nous vous le demandons par JÉSUS-CHRIST Notre-Seigneur. Ainsi soit-il.

Saint Amand, priez pour nous !

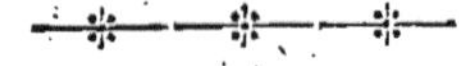

Deuxième Jour.

Considérations sur le deuxième commandement de Dieu : DU BLASPHÈME.

B LASPHÉMER, c'est proférer des paroles injurieuses à DIEU, c'est surtout prononcer sans respect son Nom trois fois saint, en lui donnant l'odieuse qualification de « sacré », mot qui, pris comme injure à DIEU, est entendu dans le sens de « maudit ».

Par suite de notre peu de foi, nous sommes portés à considérer les fautes qui s'adressent directement à DIEU comme étant de peu d'importance. On se reproche encore de voler ou de tuer, et l'on ne se reproche pas d'insulter DIEU. Cependant la raison et la foi sont d'accord pour reconnaître que les attentats directs à la gloire de DIEU sont des crimes plus grands que tous les autres. « Tout péché, comparé au blasphème, est léger, » dit saint Thomas.

Après cela, peut-on songer sans frémir à ces innombrables blasphèmes qui montent chaque jour de la terre au Ciel ? Passez dans les rues ou sur les places publiques, entrez dans certaines maisons, pénétrez dans les ateliers, les cabarets, les casernes, même, hélas ! dans certaines écoles, partout vous entendrez retentir des blasphèmes.

Ah ! si DIEU n'écoutait que la voix de sa Justice, il frapperait de sa vengeance les malheureux qui osent ainsi l'offenser. Heureusement, c'est ici-bas le règne de la miséricorde, et surtout à cause du Saint Sacrifice de la Messe, offert chaque jour en réparation des crimes de la terre, il suspend les effets de sa colère et donne aux pécheurs le temps de se convertir.

Mais cela n'excuse pas le blasphème, qui, surtout à cause de son caractère de scandale, n'en est pas moins un grand crime. Tôt ou tard d'ailleurs ce crime attire sur ceux qui s'en rendent coupables les teribles châtiments du Ciel.

Les maisons où l'on blasphème sont des maisons maudites. Respectons toujours le saint Nom de DIEU, et si nous avons la triste habitude de le prononcer sans respect, faisons tous nos efforts pour nous en corriger au plus tôt.

PRATIQUE : Quand nous entendons blasphémer,

disons intérieurement : Que le saint Nom de Dieu soit béni ; embrassons avec empressement la dévotion à la Sainte Face, qui a pour but la réparation des blasphèmes.

Saint Amand, modèle de respect pour le Nom du Seigneur.

C'EST pour faire connaître et respecter le Nom de Dieu que St Amand a parcouru tant de pays et essuyé tant de fatigues et de peines, et, dans son zèle, il aurait voulu le porter jusqu'aux extrémités de la terre.

C'est au Nom du Seigneur qu'il triomphe du serpent, qu'il accomplit ses miracles, qu'il chasse le démon du corps des possédés et qu'il ressuscite les morts.

Comprenons donc toute la grandeur de ce saint Nom, et prononçons-le toujours avec respect.

3 Pater, 3 Ave Maria, 3 Gloria.
Prière à saint Amand.

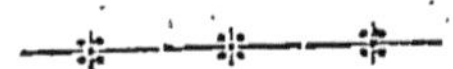

Troisième Jour.

Considérations sur le troisième commandement de Dieu : DU DIMANCHE.

SANS doute nous devons servir Dieu en tout temps, car tous les jours de notre vie lui appartiennent ; mais il est un jour tout spécialement réservé à son culte, et qu'on appelle pour cette raison le dimanche ou jour du Seigneur.

Nous devons ce jour-là, sous peine de péché :

1º nous abstenir des œuvres serviles, et 2º assister pour le moins au Saint Sacrifice de la Messe, qui est l'acte religieux par excellence. Il est facile de comprendre pourquoi Dieu a établi le dimanche. Il a voulu par là procurer à notre corps et à notre âme un bienfaisant repos. Grâce au dimanche, l'homme peut réparer ses forces et sauvegarder sa santé, et, d'autre part, il peut penser plus librement à Dieu, à son éternité, à son salut.

C'est donc par pure bonté que Dieu a établi cette loi salutaire ; c'est pour notre bien, et si elle était généralement observée dans le monde, les hommes seraient infiniment plus heureux.

Malheureusement, dans leur orgueil insensé, les hommes ne veulent pas écouter la voix de leur Père céleste, et, pour leur malheur, ils transgressent cette grande loi qui ferait leur bonheur. Rien de plus ordinaire que de voir le dimanche profané, non seulement par le travail et l'oubli des devoirs religieux, mais par la débauche et les plaisirs défendus.

La profanation du dimanche engendre nécessairement la perte de la foi dans un pays, et, avec la perte de la foi, la dissolution des mœurs, la ruine et la misère.

Dieu punit d'ordinaire, même dès ici-bas, la violation du saint jour. Que d'industries tombées, que de maisons de commerce ruinées, que de familles réduites à la misère, par suite de la profanation du dimanche ! Il semblerait pourtant, d'après nos petits raisonnements humains, qu'en travaillant davantage on augmentera sa fortune ; c'est tout le contraire qui arrive ; Dieu, qui tient les destinées du monde entre ses mains, tôt ou tard a son tour, et il punit sévèrement les violateurs de sa loi.

Pratique : A moins d'absolue nécessité, évitons de faire travailler, de travailler, d'acheter et de vendre le dimanche.

Saint Amand, modèle de zèle pour la gloire de Dieu.

LE célèbre moine Hucbald, dans la vie de sainte Aldegonde, fait cet éloge de notre saint : « Pres- » que toute la terre a entendu la renommée de ses » éclatantes vertus et de ses prodiges. Comme un » infatigable moissonneur, il a travaillé sans relâche » dans le champ de Dieu. Que de peuples n'a-t-il » pas convertis à la foi catholique ! Combien de monas- » tères n'a-t-il pas fondés pour donner asile aux » moines pieux et aux prêtres du Seigneur ! »

Si nous ne voulons pas perdre le don précieux de la foi que nous tenons de notre glorieux patron, respec- tons le saint jour du dimanche.

3 Pater, 3 Ave Maria, 3 Gloria.
Prière à saint Amand.

Quatrième Jour.

Considérations sur le quatrième commandement de Dieu : DES DEVOIRS DES ENFANTS ET DES PARENTS.

LE quatrième précepte règle les devoirs des enfants envers leurs parents, et ceux des parents envers leurs enfants.

I. — Les enfants doivent honorer leurs parents, c'est-à-dire qu'ils leur doivent tout à la fois le respect, l'amour, l'obéissance, l'assistance.

Nous devons *respecter* nos parents, parce qu'ils tiennent à notre égard la place de DIEU. Ce respect doit se manifester à l'intérieur par un profond sentiment d'estime et de vénération, et à l'extérieur par les touchants témoignages de la piété filiale.

Nous devons les *aimer*, car ils sont nos premiers bienfaiteurs.

Après nous avoir donné la vie, que de soins et de peines n'ont-ils pas pris pour notre éducation ! Nous aurons beau faire, jamais nous ne les aimerons autant qu'ils nous ont aimés, ni à proportion des biens que nous en avons reçus.

Nous devons leur *obéir*, car DIEU a gravé sur leur front son autorité. A l'exemple de JÉSUS-Enfant, soyons donc soumis à ceux qui sont auprès de nous les représentants de DIEU.

Enfin nous devons les *assister*, c'est-à-dire les entourer de soins, veiller sur eux dans leurs besoins, leur procurer tous les secours corporels et spirituels qui leur sont nécessaires, et prier pour eux.

« *Maudit soit celui qui n'honore pas son père et sa mère,* » a dit l'Esprit-Saint. Au contraire une longue vie, soit dans ce monde, soit dans l'éternité, est promise à la piété filiale.

II. — Les parents à leur tour ont de graves obligations à remplir à l'égard de leurs enfants.

Sans doute ils doivent donner à leurs enfants tous les soins qui regardent le corps, mais ils doivent plus encore prendre soin de leur âme, en leur procurant le bienfait d'une éducation chrétienne, en les instruisant, en les corrigeant, en leur donnant le bon exemple.

Hélas ! que de parents infidèles à la grande mission qu'ils ont reçue du Ciel ! Y en a-t-il beaucoup qui puissent se rendre le témoignage d'être vraiment auprès de leurs enfants les représentants de Dieu ?

Pratique : Former de bonne heure les enfants à la piété en leur apprenant leurs prières et en les envoyant au catéchisme, c'est le moyen le plus sûr de les former au respect et à l'obéissance à l'égard de leurs parents.

Saint Amand, modèle d'obéissance.

Saint Amand, qui avait été lui-même, dès le jeune âge, un modèle d'obéissance, attachait une grande importance à la pratique de cette vertu. On raconte dans sa vie le trait suivant : un religieux du monastère d'Elnon, lui ayant un jour désobéi, tomba subitement frappé de paralysie. Dans ce triste état, le pauvre moine

reconnut humblement sa faute et implora le pardon de
son supérieur. Le saint abbé fit assembler toute la communauté, et, profitant de ce châtiment exemplaire de la
justice divine, il montra à ses frères l'excellence de la
vertu d'obéissance. Puis, après avoir imploré le secours
d'en haut, il ordonna au paralytique de se lever et de
marcher. Le malade, subitement guéri, vint se jeter aux
pieds de son libérateur en versant des larmes de repentir et de reconnaissance, et, à partir de ce moment, mena
une vie exemplaire.

3 Pater, 3 Ave Maria, 3 Gloria.
Prière à saint Amand.

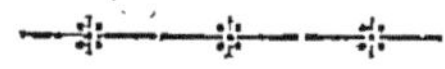

Cinquième Jour.

**Considérations sur le cinquième commandement :
DE LA CHARITÉ ENVERS LE PROCHAIN.**

UN docteur de la loi, nous dit l'Évangile, s'adressant un jour à Notre-Seigneur, lui dit : « Maître,
quel est le plus grand de tous les commandements ? »
Jésus lui répondit : « Vous aimerez le Seigneur, votre
» Dieu, de tout votre cœur, de toute votre âme, de
» tout votre esprit. C'est là le plus grand commande-
» ment. » Et voici le second, qui est semblable à
celui-là : « Vous aimerez votre prochain comme vous-
» mêmes. »

A l'exemple de notre divin Maître, qui confondait
dans un même amour Dieu, son Père, et tous les

hommes, ses frères, nous devons tous nous aimer en DIEU. Sans doute, cette charité qui unit tous les fidèles en un seul cœur, n'est pas fondée sur les sympathies et les attraits de la nature, mais elle est le résultat d'une grâce céleste ; c'est un don divin répandu dans nos âmes par l'Esprit-Saint et que JÉSUS-CHRIST nous a mérité : en un mot c'est une vertu surnaturelle.

On n'est pas véritablement chrétien si l'on n'a pas la charité, si on ne développe pas dans son cœur ce germe divin. « *En cela, on reconnaîtra que vous êtes mes disciples, si vous vous aimez les uns les autres.* »

Oh ! qu'elle est belle, cette vertu de charité ! La terre ne serait-elle pas une image du Ciel si elle régnait ici-bas ?

Malheureusement il n'en est pas ainsi ; c'est l'égoïsme qui règne sur la terre, et voilà pourquoi il y a tant de haines, de jalousies, de divisions parmi les hommes ; voilà pourquoi le monde est chaque jour le théâtre de tous les crimes et de tous les scandales.

Si nous voulons sincèrement être les disciples du divin Maître, pratiquons la charité envers nos frères, mais rappelons-nous que cette vertu se prouve par des actes. Exerçons donc, à l'égard du prochain, les œuvres corporelles et spirituelles de miséricorde. « *Faites aux autres ce que vous voudriez qu'on vous fît à vous-mêmes,* » dit Notre-Seigneur ; sachons donc supporter les défauts d'autrui ; pardonnons les offenses, soulageons les malades, faisons l'aumône aux pauvres, etc., et rappelons-nous cette consolante parole de l'Évangile :

« Ce que vous aurez fait au plus petit d'entre les miens,
c'est à moi-même que vous l'aurez fait. »

PRATIQUE : Supporter patiemment les défauts de
son prochain.

Saint Amand, modèle de charité.

TANDIS que saint Amand vivait en reclus dans la
ville de Bourges, DIEU le favorisa d'une vision
bien remarquable. « Comme il était en prière devant
» le Seigneur, disent ses actes, il se vit tout à coup
» environné d'une grande lumière. Pendant l'espace
» d'une heure que dura cette vision, l'image du monde
» se déroula sous ses yeux avec toutes ses magnificen-
» ces et ses splendeurs physiques, mais aussi avec ses
» misères morales. » DIEU l'appelait ainsi à évangéliser les peuples qu'il venait de contempler dans son
extase. On sait avec quelle fidélité saint Amand répondit à l'appel de DIEU, et avec quelle charité il se dévoua
tout entier au salut des âmes.

3 Pater, 3 Ave, 3 Gloria.
Prière à saint Amand.

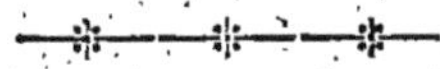

Sixième Jour.

Considérations sur le sixième commandement : DE L'IMPURETÉ.

IL est un péché que la langue de tous les peuples
appelle honteux. C'est l'impureté, défendue par le
sixième commandement.

Péché abominable aux yeux de Dieu, puisque, pour le punir, il n'a pas hésité à submerger la terre dans les eaux du déluge et à faire pleuvoir le feu du Ciel sur cinq villes coupables.

Péché qui traîne à sa suite tous les autres, qui éteint la foi, abrutit l'âme, tue le corps, et dégrade l'homme jusqu'au niveau de la brute. Péché qui fait tomber les âmes en enfer comme les flocons de neige tombent dans nos vallées par une journée d'hiver. Saint Liguori soutient que, sur cent damnés, il y en a quatre-vingt-dix-neuf qui brûlent pour l'expiation de ce vice honteux.

Quelle horreur ne devons-nous pas avoir pour le vice impur, et avec quel soin ne devons-nous pas l'éviter ! D'autant plus que, par suite de la déchéance originelle, nous sommes naturellement portés à la concupiscence de la chair, et qu'on peut commettre le péché de bien des manières, par *pensées*, *désirs*, *paroles*, *regards* et *actions*.

Mais alors, direz-vous, il est bien difficile de ne pas subir les atteintes du vice ? Oui, sans doute ; je dirai même, avec l'Esprit-Saint, que cela est naturellement impossible. Mais ce qui est impossible à l'homme abandonné à lui-même lui devient facile avec la grâce de Dieu, et voilà pourquoi il est de toute nécessité pour nous de recourir aux moyens que Dieu nous offre pour nous garantir du mal.

Ces moyens, Notre-Seigneur les résume en deux mots : « *Veillez et priez.* » La vigilance est absolument nécessaire, car « celui qui s'expose au danger y périra.» Il faut donc surveiller ses pensées et son imagination, pratiquer la modestie des yeux, éviter les compagnies mauvaises, les lectures dangereuses, les plaisirs du monde.

A la vigilance, il faut joindre la prière, et, par ce mot, on entend cet ensemble de secours spirituels que Dieu met à notre disposition pour nous aider à triompher du péché ; par conséquent, la prière proprement dite, surtout au moment de la tentation, la fréquente réception des sacrements de Pénitence et d'Eucharistie, et spécialement la dévotion à la Vierge Immaculée, qui a pour ainsi dire grâce d'état pour nous accorder le don de la pureté.

Ces observations s'adressent encore plus à la jeunesse, qui est plus exposée au mal à cause de l'ardeur des passions.

PRATIQUE : Observer le précepte du divin Maître : Veillez et priez.

Saint Amand, modèle de chasteté.

L'HISTORIEN de la vie de saint Amand, malheureusement si sobre de détails, nous fait remarquer pourtant qu'il fut, dès sa plus tendre jeunesse, un miroir de pureté. Quand tout jeune encore il était au monastère d'Yère, dit-il, il paraissait aux yeux des religieux du couvent « comme un ange revêtu d'un corps mortel. » On devine aisément à quels moyens il avait recours pour conserver la belle vertu : c'était particulièrement par la dévotion à la Très-Sainte Vierge. Nous pouvons nous faire une idée de sa piété filiale envers la Mère de Dieu, puisque, comme nous l'avons vu, il voulut, au moment de mourir, qu'on le transportât au pied de l'autel de Marie, afin de pouvoir en quelque sorte rendre le dernier soupir entre ses bras.

3 Pater, 3 Ave, 3 Gloria.
Prière à saint Amand.

Septième Jour.

Considérations sur le septième commandement : DE L'INJUSTICE.

« NE faites pas à autrui ce que vous ne voudriez pas que l'on vous fît. » Cette loi naturelle, inscrite dans la conscience de chacun de nous, a été posée par Dieu pour régler les rapports des hommes entr'eux et faire régner l'ordre et la paix dans la société.

La justice est la vertu qui nous porte à observer cette loi en nous faisant rendre à chacun ce qui lui est dû. L'injustice au contraire est la violation de cette loi.

Par le septième commandement, Dieu défend l'injustice, et tout particulièrement la violation du droit de propriété.

Ce précepte défend donc de voler le bien d'autrui, de le retenir injustement et de causer du dommage au prochain.

En général, dans le monde, nul ne veut s'avouer coupable d'injustice, et rien de plus ordinaire que d'entendre ces mots : « Je n'ai jamais fait de tort à personne ! » Et pourtant, nous ne craignons pas d'affirmer avec l'Esprit-Saint que « tous les hommes sont plus ou moins entachés d'injustice. »

C'est qu'en effet il y a bien des manières de faire du tort à son prochain, en d'autres termes de voler, et il n'est pas nécessaire, pour cela, de lui dérober son argent ou ses biens par violence ou par surprise.

Ainsi on peut voler par fraude, en trompant dans les ventes ou les achats, comme ces marchands sans probité qui spéculent sur le prix, la qualité, le poids ou la mesure des denrées ou des marchandises ; par usure, en prêtant de l'argent à un intérêt interdit par la loi et la conscience ; par procès ou condamnation injustes.

On pèche encore contre le septième commandement en retenant le bien d'autrui, en ne rendant pas un bien mal acquis, en ne payant pas ses dettes, en refusant aux ouvriers le salaire auxquels ils ont droit, en s'appropriant un dépôt confié, etc.

Se rendent encore coupables d'injustice à l'égard du prochain, ceux qui gâtent ou détruisent ce qui lui appartient, les ouvriers qui ne travaillent pas ou emploient mal leur temps, les riches qui ne soulagent pas les pauvres dans la mesure de leurs moyens, ceux enfin qui coopèrent d'une manière quelconque à des actions injustes, etc.

On le voit, la justice ne règne pas en souveraine

dans le monde, et il est bon que chacun consulte sa conscience à ce sujet. Ce qu'on ne doit pas oublier, c'est que le tort fait au prochain doit être réparé, et qu'il n'y a point de rémission sans restitution.

PRATIQUE : Respecter le bien d'autrui, réparer ses torts, faire l'aumône.

Saint Amand, modèle de sainteté.

DANS maintes circonstances, DIEU manifesta la sainteté de son serviteur et le crédit dont il jouit dans le Ciel. Lors de la grande procession des reliques de saint Amand en 1066, le cortège étant arrivé à Ninove (Belgique), on déposa la châsse contenant les reliques du saint en plein air, sur un reposoir magnifique. Puis, pour satisfaire la piété de la foule, comme l'église était trop petite pour contenir la multitude des pèlerins, on dressa un autel pour y célébrer la Messe. Le temps était serein, le ciel pur et sans nuage. Or, durant le Saint Sacrifice, tous les assistants aperçurent distinctement une auréole resplendissante de lumière qui resta visible dans les nues au-dessus de la châsse du bienheureux pendant tout le temps que dura la cérémonie. N'était-ce pas là une manifestation de la gloire dont saint Amand jouit au séjour des élus ?

3 Pater, 3 Ave, 3 Gloria.

Prière à saint Amand.

Huitième Jour.

Considérations sur le huitième commandement :
SUR LE MENSONGE.

LE premier auteur du mensonge c'est le démon, qu'on a appelé pour cette raison le père du mensonge.

Il mentit dans le Ciel en persuadant aux esprits bienheureux qu'il élèverait leurs trônes au-dessus des astres, qu'ils deviendraient semblables au Très-Haut. Il mentit dans le Paradis terrestre à nos premiers parents, leur faisant entendre « qu'ils ne mourraient pas, mais » au contraire qu'ils seraient aussi puissants que Dieu, » connaissant le bien et le mal, » s'ils mangeaient du fruit défendu.

Depuis cet instant, l'esprit du mal n'est occupé qu'à tromper les hommes, leur soufflant toutes sortes de prétextes et de ruses pour violer la loi de Dieu qui défend de mentir. Et voilà comment, comme le disait Notre-Seigneur aux pharisiens hypocrites, celui qui ment est le fils du démon.

Cette considération explique cette parole de l'Écriture : « *Le mensonge est en abomination aux yeux de Dieu.* » Dieu en effet est la Vérité même, et s'il nous a donné le langage, c'est seulement pour rendre hommage à la vérité. D'où il suit que tout ce qui blesse la vérité offense Dieu, et que tout mensonge est un péché.

Le mensonge déshonore celui qui s'en rend coupable, et, de fait, ce vice est l'apanage des âmes basses. On méprise le menteur ; il perd la confiance de ceux qu'il a trompés.

Un homme à l'âme noble et grande ne sait pas mentir. Il croirait se trahir lui-même en trahissant ses semblables et renoncer à l'honneur en renonçant à la vérité.

Aussi on l'écoute avec respect, on l'estime, on a confiance en lui, parce qu'on sait qu'il ne trompe pas. Tant il est vrai que Dieu a mis au dedans de nous un sentiment invincible d'estime pour la sincérité et de mépris pour le mensonge.

Soyons donc sincères, et, selon le précepte de Notre-Seigneur dans l'Évangile, dans nos affirmations, disons simplement oui et non, et nous serons aimés de Dieu et des hommes.

Évitons à plus forte raison ces coupables abus de langage qu'on appelle la *médisance* et la *calomnie*, car médire, et surtout calomnier, c'est voler au prochain son bien le plus précieux, sa réputation. Ces péchés, étant contraires à la justice et à la charité, peuvent facilement devenir graves.

Pratique : Ne jamais se permettre aucun mensonge ; éviter la médisance et la calomnie.

Saint Amand, confesseur de la foi.

Saint Amand eût préféré mille fois la mort que de parler contre sa conscience. Comme nous l'avons vu dans l'histoire de sa vie, c'est lui qui eut le courage d'aller trouver le puissant roi des Francs pour le reprendre de ses désordres. Il eût pu sans doute, en flattant les passions du prince, vivre honoré à la cour, au sein du luxe et des richesses, mais il préféra l'exil et les privations plutôt que de trahir sa mission, et il n'hésita pas à reprocher à Dagobert les fautes dans lesquelles il était tombé dans des jours d'égarement. La vérité finit toujours par triompher. Elle plaît aux grandes âmes ; aussi le roi de France dut-il reconnaître ses torts. Il s'honora à son tour en s'humiliant, et en ne craignant pas de venir implorer son pardon en s'agenouillant aux pieds de l'envoyé de Dieu.

3 Pater, 3 Ave, 3 Gloria.
Prière à saint Amand.

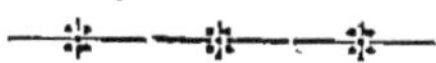

Deuxième Jour.

Considérations sur les commandements de l'Église.
DE L'OBÉISSANCE AUX LOIS DE L'ÉGLISE.

ON rencontre des personnes qui ont la prétention d'obéir aux commandements de Dieu, mais qui ne veulent pas se soumettre aux lois de l'Église. Singulière logique, vraiment ! C'est le raisonnement du soldat qui consentirait à reconnaître les ordres du général, mais refuserait l'obéissance à son lieutenant.

L'Église, établie par Jésus-Christ pour continuer sa mission sur la terre, parle au nom de Dieu lui-même. « *Celui qui vous écoute, m'écoute, celui qui vous*

» *méprise, me méprise. Si quelqu'un n'écoute pas l'Église,*
» *regardez-le comme un païen et un publicain.* » Telle
est la parole du Maître.

Il est donc du devoir du chrétien de se soumettre
aux commandements de l'Église, qui ne fait d'ailleurs
qu'interpréter, préciser et mettre en pratique les commandements de Dieu.

En nous ordonnant, par exemple, d'assister à la Messe
le dimanche, l'Église ne fait que nous indiquer le
moyen d'accomplir le précepte nous obligeant à sanc-
tifier le dimanche.

Loin de chercher à nous soustraire à la divine
autorité de l'Église, laissons-nous conduire par elle
avec la simplicité d'un enfant, et au respect que nous
devons avoir pour elle, joignons l'amour le plus dévoué
et le plus reconnaissant.

On a comparé l'Église à une mère. Rien n'est plus
vrai, car de même que la mère donne à son enfant
la vie du corps, le nourrit et l'élève, elle nous donne
la vie de l'âme et les secours nécessaires pour grandir
dans la vertu.

La liturgie compare encore l'Église à la nuée lumi-
neuse qui guidait les Hébreux marchant dans le désert
à la conquête de la Terre Promise ; et en effet elle est
ce flambeau divin qui fait connaître aux hommes la
vérité et les conduit dans la voie du Ciel.

Notre-Seigneur enfin l'a comparée à la barque mys-
térieuse qui, à travers tous les écueils, nous conduira
sûrement au port du salut.

Soyons enfants soumis à l'Église. Suivons la voie qui nous est tracée par les pasteurs qui la dirigent, le Pape, les évêques et les prêtres unis au Pape, et nous serons assurés de notre salut.

Rappelons-nous la parole de saint Cyprien : « On ne peut avoir Dieu pour Père si l'on n'a pas l'Église pour Mère. »

Pratique : « Obéissons aux commandements de l'Église de la même manière que nous obéissons aux commandements de Dieu. »

Amour de saint Amand pour l'Église.

Saint Amand peut être regardé comme l'un des plus dévoués serviteurs de l'Église. Nous avons vu combien sa dévotion à saint Pierre était tendre et affectueuse. Il n'entreprenait aucune action importante sans l'invoquer, et presque tous les monastères qu'il établissait étaient placés sous le patronage du Prince des Apôtres.

Son respect filial et sa soumission au Souverain-Pontife n'étaient pas moins admirables. Par trois fois différentes, il fit le pèlerinage de Rome pour lui rendre compte de ses travaux et recevoir sa bénédiction et ses encouragements. Enfin il fut lui-même une des gloires les plus pures de notre Église qu'il aimait tant.

3 Pater, 3 Ave, 3 Gloria.
Prière à saint Amand.

Vue de l'abbaye de Saint-Amand. (D'après une gravure reproduisant un tableau peint par J.-F. Neits, moine de l'abbaye de Saint-Amand, et conservée au musée de Valenciennes.)

CANTIQUE A SAINT AMAND.

De saint Amand nous sommes les enfants,
De ses bienfaits il nous comble sans cesse ;
Pour le bénir unissons nos accents.
C'est notre cri d'amour, notre chant d'allégresse,
De saint Amand nous sommes les enfants !

I.

Jadis sur ce peuple avec rage
Satan fit peser l'esclavage :
Nous gémissions sous sa fureur ;
Mais tu viens briser son empire,
Et le monstre infernal expire
Terrassé sous ton pied vainqueur. *Ref.*

II.

Si je dis à Dieu : Notre Père,
Si la Sainte Église est ma Mère,
Saint Pontife, c'est grâce à toi.
Si vers le Ciel en confiance
Je lève un regard d'espérance,
C'est que tu m'as donné la foi. *Ref.*

III.

O saint Patron de cette ville,
Jette les yeux sur ta famille :
Vois tes enfants à tes genoux ;

De notre foi garde la flamme,
Bien pure conserve notre âme,
Avec amour veille sur nous ! *Ref.*

IV.

Quand sonnera ma dernière heure,
Obtiens de Jésus que je meure
Comme toi de la mort des saints.
Alors mon âme, à ta prière,
S'envolera, bien-aimé Père,
Vers le séjour des séraphins ! *Ref.*

LES CIERGES DE SAINT AMAND.

I.

En ce temps-là, vers l'an du CHRIST huit cent soixante[1],
Dans l'abbaye austère, illustre et florissante,
Une nuit, au tombeau du saint évêque Amand,
Il se fit un miracle, un miracle charmant.

L'office était fini : de leurs stalles de pierre,
Un par un, murmurant à deux voix leur prière,
Les moines s'en allaient comme de longs essaims
Sous les cloîtres, fleuris de l'image des saints.
C'est l'heure du repos : la grosse cloche tinte,
Dans l'abside et la nef toute lampe est éteinte.
Les cierges, dont l'autel étincelait le soir,
Sont éteints ; et le feu s'éteint dans l'encensoir...
Quand le portier, tournant sa clef dans la serrure,
Voit briller nef, abside, autel, vitrail, dorure,
Et deux flambeaux de cire au doux rayonnement
Éclairer le tombeau du saint évêque Amand.
Il court et les éteint... Il va franchir le cloître,
Quand sur le mur il voit encor l'ombre décroître ;
Il se retourne : au fond encor chaque flambeau
Allonge sa lumière autour du saint tombeau.
Le Frère appelle, écoute et regarde... Personne !

---

1. Comme nous l'avons vu plus haut, le fait arriva en l'abbaye de Saint-Amand l'an 855, au mois de septembre, 195 ans après la mort du saint évêque. (Boll., 6 février.)

Il est seul. Malgré lui, l'humble portier frissonne !
« Mon Dieu ! dit-il, qui donc se joue ainsi de nous ?...
Le Ciel me soit en aide ! »
                              Et, tombant à genoux,
Il prie, après avoir du front touché la terre ;
Il traverse l'église et le chœur solitaire,
Éteint les deux flambeaux du souffle et de la main,
Et dans l'ombre, à tâtons, il reprend son chemin.
Cette fois, il est sûr que sa besogne est faite ;
La nuit noire s'étend des dalles jusqu'au faîte,
Des piliers aux arceaux, du porche jusqu'au fond ;
Tout est sombre, tout est obscur, tout se confond :
Point de bruit ; aux dortoirs du moustier, tout sommeille.

Or, voilà qu'une flamme éclatante et vermeille
Couronne les flambeaux d'un rouge diamant,
Près du corps vénéré du saint évêque Amand ;
De l'autel au transept l'ombre s'est étoilée...
Le bon moine, ébahi, sonne à toute volée ;
On accourt : le portier conte aux Frères heureux
Le miracle que Dieu vient de faire pour eux...

On s'assemble sur l'heure en Chapitre : on décide
Que désormais, auprès du saint corps, dans l'abside,
Un gros cierge, allumé nuit et jour, brûlera
Jusqu'à l'heure où la fin du monde sonnera.

De l'Elnon à l'Escaut, de la Scarpe à la Meuse,
Tout le pays connut la merveille fameuse,

Et sur un long rouleau du plus beau parchemin,
Milon le chroniqueur l'écrivit de sa main (1).

II.

Voilà mille ans et plus que ce joyeux mystère
Émut notre contrée et son vieux monastère.
Hélas ! à Saint-Amand, depuis des jours lointains,
Les cierges rallumés ce soir-là sont éteints.
Les méchants, en un jour de délire et de rage,
Ont, dans leur cruauté, semé sur leur passage
La ruine et la mort. Les moines sont chassés ;
L'église, le couvent, les murs sont renversés ;
Épave précieuse au naufrage échappée,
Sa gracieuse tour debout seule est restée !
Mais un trésor plus beau, — je le dis en pleurant, —
Le tombeau vénéré du saint évêque Amand
A disparu... Sous les murs de la basilique
On n'a plus retrouvé sa précieuse relique !
Aussi, voilà comment, depuis ces tristes jours,
Les flambeaux allumés sont éteints pour toujours.

Mais que dis-je ? Ah ! du moins, il est une autre flamme
Qui brille et brûle encor ; celle-là vit dans l'âme
De ton fils dévoué qui t'aime, ô saint Amand !
Puis-je donc oublier que je suis ton enfant ?

1. Poésie du P. Delaporte, S. J.

Tu m'as donné la foi, mon bonheur et ma gloire,
Et ton nom pourrait-il s'éteindre en ma mémoire ?
Non, ce flambeau divin pour toujours brillera
Jusqu'à l'heure où vers toi la mort m'appellera !

L. J. C

TABLE DES MATIÈRES.

Saint Amand.   16

NOTE RECTIFICATIVE.

Page 81, lire *Jean Douelle* et non *de Douelle.*

» 93, sous l'image de saint Benoît ajouter : Patriarche de l'Ordre des Bénédictins.

» 104, en note, au lieu de *deux cents quarante* lire *deux cent...*

» 137, lire *j'ai souscrit* et non *souscris.*

» 176, en note, lire les écoles primaires *sont* et non *ont.*

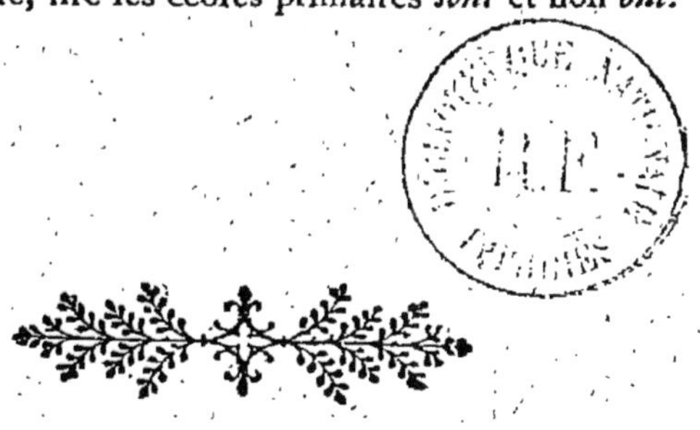

Société Saint Augustin
Desclée De Brouwer